외롭다면 잘 살고 있는 것이다

부아C 에세이

프롤로그 ──

외로움은
선물이다

회사에 다니던 시절,

사람들 틈에 있었지만 나는 외로웠다.

대화에 끼어드는 게 쉽지 않았고,

소문이나 시시콜콜한 이야기에는 관심이 없었다.

일도 즐겁지 않았고,

그 안에서 내 존재의 의미를 찾기 어려웠다.

마치 내가 미운 오리 새끼가 된 것 같았다.

외로움은 나를 혼자 있는 법으로 이끌었다.
그 시절의 외로움은 나를 많이 힘들게 했지만,
지금 돌아보면 외로움이야말로 선물이었다.
덕분에 내 안을 들여다보고
내가 어떤 사람인지, 무엇을 원하는 사람인지
조금씩 알아가기 시작했기 때문이다.

외로움은 내가 나와 가까워지고 있다는 신호다.
사람들 속에 있으면 안정감을 느낄 수 있지만,
오래 머물다 보면 나 자신을 잃어버리기도 한다.
혼자 있는 시간은 쓸쓸하지만,
그 안에서 비로소 내 목소리를 듣고 내 길을 찾게 된다.
외로움은 새로운 시작을 준비하게 해주었다.

이제 나는 그때보다 훨씬 단단한 자리에 서 있다.
좋아하는 일을 하며,
혼자 있는 시간을 즐길 줄 알게 되었다.

때로는 일부러 혼자만의 시간을 만든다.
휴대폰을 내려놓고 여행을 떠나거나,
말없이 걷는 시간 속에서 나는 나와 더 친해진다.
그 시간들이 나를 지켜준다.

이제 나는 사람들의 눈치를 보지 않고,
내 선택을 존중하며 살아간다.
나답게 살아가자 오히려 나를 찾는 사람도 많아졌다.

불필요한 관계를 정리하고
정말 소중한 사람들과 깊이 이어지는 삶,
그게 오히려 마음을 더욱 풍요롭게 만든다.
결국 인생에서 중요한 건
인연의 '숫자'가 아니라 인연의 '깊이'다.

이제 나는 안다.
외로움은 나쁜 감정이 아니다.

그건 내가 나와 가까워지고 있다는 신호이며,
더 나은 길로 향하고 있다는 증거다.

그러니 만약,
지금 당신이 외롭다면
그건 어쩌면 당신이
잘 살고 있기 때문일지도 모른다.

2025년 가을

부아c

목차 ———

프롤로그 외로움은 선물이다   004

#1부   외롭다면 잘 살고 있는 것이다

이제는 남보다 나와 더 친해지고 싶다	017
매일의 기분 값	020
남들은 나를 오해할 자유가 있고	022
누구나 각자의 계절이 있다	025
일부러 길을 잃어보세요	028
외롭다면 잘 살고 있는 것이다	030
늘 밝아야 한다는 부담이 나를 무너뜨린다	033
딱딱한 밀랍이 되어버린 친구를 보며	036
나를 소중히 여길수록 세상은 다정해진다	039
좋은 사람처럼 행동하면 좋은 사람이 된다	041
각자 자신에게 맞는 자리가 있다	044

타인의 말에 유독 흔들리는 날에는	048
비빌 언덕이 많은 인생은 무너지지 않는다	051
작은 불편함에 그 사람의 세계가 숨어 있다	053
힘들 때 한 번 더 하는 것	056
노력할수록 운이 좋아지는 4가지 이유	058
삶은 아주 사소한 시도에서 다시 시작된다	061
내가 듣고 싶었던 말을 남에게 건네는 사람	064
불운은 사람이 가져온다	066
내가 하는 말이 삶을 조각한다	068
남을 부러워하지 않는 이유	071
평범한 일을 대단히 오래 하면	074
진짜 당당함이란 이런 것이다	076
돌아보면 시련은 결국 선물이더라	079
과연 돈을 많이 벌면 성공일까?	081

#2부 진짜를 가진 사람은 조용하다

인생에 그늘이 많아서 늘 시원했어요	087
행복으로 가는 두 가지 길	089
좋을 때보다 힘들 때 사람을 본다	092
마음이 흙탕물일 때는	094
2년 만에 찾아온 후배의 용건	096

백미러만 보면서 운전하면 사고 난다고	099
마음이 닳지 않도록	101
내가 경험한 것만이 내 세상이 된다	104
사소한 것에도 행복해하는 연습	106
인간관계에서 의외로 중요했던 7가지	109
진짜를 가진 사람은 조용하다	115
여유는 통장에서 나온다	118
감정 기복은 체력의 문제다	120
만나고 싶은 친구, 만나기 싫은 친구	122
재능도, 열정도 부족하다면	125
너희가 행복해 보여서 그걸로 좋아	128
나와의 약속, 타인과의 약속	131
나이 들어 못하는 건 키즈 모델뿐	134
모두가 가장 부러워하는 친구	136
운이 좋은 사람은 사실 버텨낸 사람이다	139
저는 사람을 만나면 피곤해져요	142
당신은 자신과 사귀고 싶나요?	144
다정도 지능이다	146
혼자임을 견디지 못하는 사람	148
도망쳐서 도착한 곳에 낙원이 있을까?	150
다시 배움을 선택한 용기	153

#3부 인생이 망했다고 느낄 때

뒤에서 욕하는 사람들 신경 쓸 필요 없는 이유	159
내 마음이 지옥이면 세상도 지옥으로 보인다	161
인생이 망했다고 느낄 때	163
진짜 어른이 함부로 하지 않는 3가지	166
돈을 벌어야 하는 진짜 이유	169
그냥 한다	171
적게 만나도 괜찮은 나이	173
여유로운 사람은 남을 공격하지 않는다	175
공황 장애가 찾아왔다	178
40대가 되면 필요한 4가지 다이어트	180
상처받았던 사람이 더 다정하다	183
저녁에 의자를 사지 마라	185
더 좋은 사람이 되고 싶게 만드는 사람	187
남들의 무례한 말을 신경 쓸 필요 없는 이유	190
미래의 내가 현재의 나를 응원하고 있다	193
포기도 습관이 되더라	196
아무도 나를 몰라주는 것 같아도	198
이제는 나를 용서하고 싶어	201
망하더라도 이렇게 망해야지	204
그건 매일의 기적이었네	207
내가 지킨 약속들이 나를 지킨다	210

남이 바뀌길 기대하지 마라	212
내가 결혼을 결심했던 순간	215
체력을 길러야 할 5가지 이유	217
나도 모르게 싫어하는 사람을 닮게 된다	220
당신의 삶이 힘들 수밖에 없는 이유	224
잘 쉬는 것도 인생의 기술이야	227
비워야 채울 수 있다, 정말 그렇다	230

#4부 행복은 우리 생각보다 훨씬 더

대운이 오기 전 나타나는 신호	237
아내가 행복해야 내가 행복하다	239
그래, 그럴 수도 있지	241
사실 모든 것은 시절 인연입니다	244
나는 사막의 낙타가 되어가고 있어	247
꾸준함은 근성으로 되는 게 아니다	249
매일 나를 생각하는 고마운 사람	251
카페에서 들려온 부자의 욕설	254
마음속 아이에게 말을 걸어야 할 때	257
좋은 것을 미루지 말아야 할 이유	260
침묵하는 사람이 상황을 지배한다	263
이해하지 않을 용기, 돌려받지 않을 용기	265

누가 월 천 번다고?	268
진짜 강한 사람은 이런 사람이더라	271
신은 이룰 수 없는 꿈을 심지 않는다	274
나를 챙겨주는 사람을 귀하게 여겨야 한다	277
가장 밝은 별은 가장 어두울 때 보인다	280
확신이 우리를 가로막는다	282
헤맨 만큼 내 땅이 된다	285
인생이 바닥을 치는 경험을 하면	288
멍 때리기를 통한 뇌의 최적화	290
사람을 바꾸는 유일한 방법	293
아직 익지 않았을 뿐 실패는 아니다	295
나이가 들수록 시간이 빨리 가는 이유	297
행복은 우리 생각보다 훨씬 더	300

1부

외롭다면 잘 살고 있는 것이다

이제는 남보다
나와 더 친해지고 싶다

어릴 때는 남과 친해지기 위해 노력했다. 사람들과 두루두루 잘 지내는 것이 능력이라고 여겼고, 사회성이 좋은 친구들이 부러웠다. 나도 더 적극적이고, 더 외향적으로 보이기 위해 애썼던 것 같다. 관계의 폭이 넓을수록 내가 괜찮은 사람처럼 느껴지곤 했다.

하지만 나이가 들면서 중심이 조금씩 달라졌다. 이제는 남보다 나와 더 친해지고 싶다. 내가 나 자신을 좋아하는 것, 나 자신이 좋아하는 인생을 사는 것이 무엇보다 중요하다. 결국 나와의 관계가 가장 오래 남는다는 걸 깨닫게 되었다.

예전에는 타인에게서 에너지를 얻었지만, 지금은 나 자신에게서 에너지를 얻고 있다. 누군가의 인정이나 시선이 있어야 살아갈 수 있을 것 같았던 시절이 있었지만, 이제는 내가 나를 응원하는 마음이 훨씬 더 오래 가고 단단하다는 걸 안다.

물론 남과 잘 지내는 것이 중요하지 않다는 건 아니다. 함께 살아가는 세상에서 관계는 필수적이다. 혼자만의 힘으로 살아갈 수는 없고, 누군가의 손을 잡아야 할 때도 있다. 다만, 타인에게 깊이 의존하기 시작하면 중심이 쉽게 흔들리게 된다. 타인은 내 뜻대로 움직이지 않기 때문이다.

남이 아니라 나에게 의존하는 삶을 살고 싶다. 내가 나를 좋아하고, 내가 나를 신뢰하며 살아가는 삶을 살고 싶다. 어떤 상황에서도 스스로를 지켜줄 수 있는 내 편이 되어주는 것, 그게 진짜 힘이 아닐까?

인생은 결국 나 자신이 되어가는 과정이다. 누군가를 닮으려 애쓰기보다, 내가 나를 닮아가는 일. 세상의 기준보다 내 기준에 가까워지는 일. 나는 그렇게 내가 가장 좋아하는 나 자신이 되고 싶다.

매일의 기분 값

직장에 다닐 때 알뜰하기로 소문난 후배가 있었다. 몇 년 동안 악착같이 돈을 모아서 직업이 없던 아버지에게 화물차를 한 대 선물할 정도로 절약 정신이 강한 친구였다. 점심은 늘 도시락을 싸오고, 야근할 때도 배달 음식보다는 집에서 싸온 간편식을 챙겨 먹곤 했다.

그런데 신기하게도 후배는 매일 아침 출근길에 테이크아웃 커피를 꼭 한 잔 사왔다. 다른 건 그렇게 아끼면서도 왜 매일 커피는 사 마시냐고 물었더니, 후배는 웃으면서 이건 '기분 값'이라고 대답했다. 하루의 시작을 위한 작고 확실한 행복이라고, 이 커피 한 잔이 오늘 하루를 견디게 해준다고 했다.

 기분 값이라는 말이 참 오래 기억에 남았다. 2천 원 남짓한 돈으로 매일을 기분 좋게 출발할 수 있다면, 그건 충분히 가치 있는 지출이다. 직장이라는 작은 전쟁터에 들어가기 전에 나 스스로에게 주는 작은 선물, 누구도 대신 줄 수 없는 나만을 위한 기분 값.
 오래전 일이지만 종종 그 말이 떠오른다. 어떤 소비가 유난히 나를 기분 좋게 만들 때, 그건 낭비가 아니라 기분 값이라는 걸 기억한다. 돈을 아끼는 것도 중요하지만, 내 기분을 위해 쓰는 작은 지출은 때로 그 어떤 소비보다 가치 있다.

남들은 나를 오해할
자유가 있고

살다 보면 내 의도와 다르게 나를 오해하는 사람이 생긴다. 말 한마디, 행동 하나가 뜻하지 않게 왜곡되는 순간이 있다. 실수로 그렇게 되는 경우도 있고, 때로는 알면서도 고의로 왜곡하는 경우도 있다. 그런 상황을 마주하면 나도 모르게 해명하고 싶어진다. 예전의 나는 그랬다. 누군가의 오해를 바로잡으려고 애쓰며, 내 진심을 어떻게든 설명하려 들었다.

하지만 시간이 지나면서 깨달았다. 나를 오해하는 사람에게 에너지를 쏟는 일은 대부분 의미가 없다는 것을. 많은 경우, 상대는 이미 오해할 '결심'을 하고 있는 상태였다. 내가 아무리 정성껏 설명해도 그들의 시선이 바뀌는 일은 거의 없었다. 누군가가 나를 꼬아서 본다면, 사실은 내가 꼬인 것이 아니라 그 사람이 꼬아서 보는 경우가 더 많았다. 의도가 있는 오해는 내가 풀 수도 없고, 풀 필요도 없다.

그럴 때 신학대학 정현경 교수의 말을 떠올린다.
"남들은 나를 오해할 자유가 있고, 나는 그것을 해명할 의무가 없다."

이 문장은 나를 단단하게 만들어준다. 내가 반드시 모든 오해를 풀어야 할 책임이 있는 건 아니라는 사실이 마음을 가볍게 해준다.

이제는 누군가 나를 오해해도 억지로 설명하거나 설득하느라 불필요한 힘을 쓰지 않는다. 오해를 풀려고 애쓰는 대신 그대로 두고, 나는 내 갈 길을 간다. 나와 별 관련도 없는 사람의 말 한마디에 일일이 반응할 필요는 없다. 지나가는 말에 내 하루를 흔들리게 둘 이유도 없다. 특히 나에게 친절하지 않은 사람에게 굳이 친절하게 반응할 필요는 없다는 걸 요즘 들어 더 자주 되새긴다. 내가 가진 친절함은 나를 진심으로 대해주는 사람들에게 아껴서 써야 한다.

모든 말에 반응하지 않아도 된다. 모든 오해를 풀 필요도 없다. 진짜 중요한 건 나를 오해하는 사람이 아니라 나를 있는 그대로 바라봐 주는 사람들이다. 나에게 중요한 사람들에게 집중하면서 살아가면 그걸로 충분하다. 그게 훨씬 단단하고 평온한 삶의 방식이다.

누구나 각자의
계절이 있다

　20대 후반, 남들보다 늦은 나이에 대학을 졸업하며 모든 것이 늦었다는 생각이 들었다. 주변을 둘러보면 이미 취업한 친구들이 있었고, 자신의 길을 일찍 찾고 나아가는 사람들도 많았다.

　'나는 왜 이렇게 늦었을까? 다들 앞서 나가는데, 나만 뒤처지고 있는 걸까?'

　그 생각은 갈수록 깊어졌다. 빠르게 목표를 이루는 사람들 사이에서 나는 여전히 무언가를 준비하는 중이었다.

시간이 지난 지금, 그 시절의 나에게 꼭 해주고 싶은 말이 있다. 꽃은 각자의 속도로 피어난다. 빠르게 피어나는 꽃도 있지만, 천천히 피어나며 더 깊고 진한 향기를 남기는 꽃도 있다.

내 삶도 마찬가지였다. 남들보다 늦게 피어났기에, 내면이 더욱 단단해지고 깊어질 수 있었다. 20대의 나는 매일 조급했지만, 40대의 나는 그 시절을 아름다웠다고 회상한다.

"누구에게나 각자의 계절이 있다."

이 문장을 참 좋아한다.

삶에서 늦은 때란 없다. 남과 비교하기 때문에 늦어 보일 뿐, 내 인생은 그저 내 인생일 뿐이다.

민들레, 채송화, 목련은 서로 피는 시기를 비교하지 않는다. 각자의 때에 각자의 방식대로 피어날 뿐이다.

나 또한 그렇다. 조금 늦게 꽃을 피운다고 해서 불안해하거나 조급해할 필요는 없다. 그저 예쁜 꽃을 피우기 위해 물을 주고, 정성껏 돌보면 된다. 빨리 피는 것이 중요한 게 아니다. 조금 늦더라도 나답게 피어나는 게 더 중요하다.

누군가의 연봉이 오르고, 누군가가 승진을 하고, 누군가는 비싼 차를 샀다고 해서 흔들릴 이유는 없다. 남의 인생일 뿐이다. 타인은 내가 아니다.

진짜 중요한 것은 내 소중한 시간을 비교로 낭비하지 않는 것이다. 나의 삶을 살고, 나의 목표를 이루고, 나의 행복을 찾기 위해 나의 하루를 온전히 쓰는 것이다.

그러니 각자의 꽃 피는 계절을 기다리며 묵묵히 오늘 해야 할 일을 해나가자. 그리고 그런 나 자신을 그 누구보다 열렬하게 응원하자.

존재하는 것만으로도, 이미 충분히 아름다운 나를.

일부러
길을 잃어보세요

언젠가 이탈리아에서 만난 한 여행자가 나에게 이렇게 말했다.

"한번 길을 잃어보세요. 계획된 길 위에서는 새로운 발견이 없어요. 우연히 들어선 골목길에서 비로소 오래 남는 순간이 생길 겁니다."

그의 말은 여행뿐만 아니라 삶에도 닿아 있었다. 늘 정해진 길만 걷다 보면 예상 가능한 풍경만 마주하게 된다. 안전하지만 특별하지는 않다. 때로는 일부러 옆길로 들어서야 새로운 장소, 나만의 이야기를 만날 수 있다.

우리는 길을 잃는 걸 두려워한다. 하지만 길을 잃는 순간이야말로 내 안의 감각이 깨어나는 시간이다. 불안 속에서 눈에 들어오는 풍경, 우연히 만난 사람, 예기치 못한 대화가 삶에 더욱 깊이 남는다.

그날 나는 새로운 길로 갔다. 계획에 없던 일이었다. 그리고 그때 만난 사람들과 장소들은 평생 잊지 못할 추억이 되었다.

길을 잃는다는 건 실패가 아니라, 발견으로 이어지는 시작이다. 계획된 길에는 없는 풍경이 그곳에 있기 때문이다. 길을 잃을 용기가 결국 나를 멋진 곳으로 데려가 줄 것이다.

외롭다면
잘 살고 있는 것이다

회사의 마지막 몇 년은 내게 가장 외로운 시간이었고, 동시에 가장 중요한 시간이기도 했다. 16년을 다닌 회사였지만 나는 떠날 준비를 하고 있었다. 대부분의 동료들은 더 오래 다니고, 더 좋은 평가를 받기 위해 애쓰고 있었지만, 나의 마음은 이미 다른 곳을 향해 있었다. 하지만 그런 속내를 누구에게도 말할 수 없었고, 여전히 회사를 열심히 다니는 사람처럼 보여야 했다.

그 무렵부터 나는 점심을 혼자 먹기 시작했고, 예전 같으면 꼭 참석했을 회식 자리도 하나둘 빠졌다. 동료들과의 거리는 점점 멀어졌고, 나는 홀로 이별을 준비했다. 겉으로는 평범한 직장인의 모습이었지만, 마음은 이미 다른 길을 그리고 있었다.

그런데 외로움은 생각보다 훨씬 크게 다가왔다. 단지 혼자 있어서가 아니라, 함께 있어도 나와 같은 방향을 바라보는 사람이 없다는 사실이 외로움을 깊게 만들었다. 사람들과 대화를 나누어도 그들의 내일은 나와 무관한 이야기처럼 느껴졌다.

군중 속에 있으면서도 나 혼자 떨어져 있는 듯한 감각, 그것이야말로 진짜 외로움이었다. 외로움은 함께 있어도 생기는 감정이라는 걸 그때 처음 알았다.

하지만 시간이 지나면서 알게 되었다. 그 외로움은 단순히 고통스러운 감정만이 아니었다. 오히려 내 영혼이 나에게 보내는 중요한 신호였다. "더 이상 마음이 닿지 않는 자리에 머물지 말라"는, 새로운 길로 나아가라는 조용한 메시지였다.

외로움은 진짜 나 자신을 마주하게 만들었다. 기존의 관계와 습관이 빠져나가는 빈자리를 통해서만 새로운 것들이 들어올 수 있다. 그 시절의 외로움 덕분에 나는 회사 이후의 삶을 준비할 수 있었고, 조금씩 나다운 방향으로 이동할 수 있었다.

지금은 안다. 외로움이란 성장을 위한 필수 과정이라는 것을. "자신을 발견하려면 혼자 있을 수 있는 용기가 필요하다"는 조지프 캠벨의 말처럼, 외로움은 나를 움직이게 하고, 내가 진짜 원하는 삶을 향해 가도록 이끌어준 고마운 감정이었다.

늘 밝아야 한다는 부담이
나를 무너뜨린다

과거 한 강연회에 참석한 적이 있다. 번아웃을 겪고 있던 사람이 고민을 털어놓았다. 서비스직에서 일하며 항상 밝은 모습을 유지해야 하는데, 최근에는 그 밝음이 너무 힘들어 퇴사를 고민하고 있다고 했다. 강연자는 이에 대해 "밝은 모습을 유지하는 것은 배터리가 빨리 닳는 것과 같다"는 조언을 건넸다.

핸드폰의 밝기를 높이면 배터리가 빨리 소모되듯, 계속해서 밝은 모습을 유지하면 내 에너지도 빠르게 소진

된다는 것이었다. 그러니 배터리 밝기를 조절해야 한다. 집에서는 밝기를 낮추고, 주말에도 조절하며, 가끔은 휴가를 내어 잠시 꺼두어야 한다. 그러지 않으면 결국 배터리는 고갈되고 수명도 줄어든다.

이 조언에 깊이 공감했다. 당시 나는 회사에서 대리로 조기 진급한 후 업무와 직장 내 인간관계 모두 악을 쓰고 열심히 하고 있었다. 모든 일을 완벽하게 해내려고 항상 최선을 다했지만, 결과로 돌아온 건 허리 디스크와 우울증이었다. 마치 핸드폰을 최대 밝기로 계속 켜둔 것처럼 내 에너지도 무리하게 소진되고 있었다.

강연을 들으며 깨달았다. 나는 쉬는 시간을 제대로 활용하지 못하고 있었다. 저녁, 주말, 휴가를 이용해 에너지를 조절해야 했지만 그렇게 하지 못했다. 이후 조언을 실천하기 위해 주말에는 최대한 일을 하지 않으려 했고, 휴가를 통해 몸과 마음을 회복하는 시간을 주기적으로 보냈다.

사람의 배터리는 한정되어 있다. 나라는 화면의 밝기를 계속 최대로 설정해 둔다면 에너지가 빠르게 소진될 수밖에 없다. 힘들 때는 충분히 쉬어야 한다. 펑펑 울어도 괜찮다. 그래야 다시 밝아질 수 있다.

딱딱한 밀랍이 되어버린 친구를 보며

 인간은 환경의 동물이다. 사람은 자기가 자주 만나는 사람을 닮아가고, 자주 머무는 공간의 분위기를 자연스럽게 흡수한다. 어느 조직에 속해 있는지, 누구와 주로 시간을 보내는지에 따라 말투와 감정, 심지어 기질까지 달라지곤 한다. 우리는 생각보다 훨씬 더 환경의 영향을 받으며 살아간다.

 내 친구는 어릴 때부터 정이 많고 친절한 성격으로

유명했다. 학창 시절엔 어디를 가든 사람들이 먼저 다가왔고, 어른들 눈에도 예쁘게 보이는 아이였다. 말 한마디를 해도 부드럽고 따뜻했고, 모임에서도 늘 중심이 되었다. 친구를 보면 사람 자체의 기운이 있다는 말이 괜히 생긴 게 아니다 싶었다.

그런 친구가 감사팀으로 발령을 받아 5년간 회사 감사팀에서 일하게 되었다. 어느 날 오랜만에 다시 만난 친구는 전혀 다른 사람이 되어 있었다. 늘 다정하고 따뜻하던 말투는 사라지고, 짧고 단정한 말들이 오갔다. 나를 바라보는 시선도 어딘가 딱딱하게 굳어 있었고, 예전의 부드러움은 찾아보기 어려웠다.

정이 많고 친절하던 친구는 온데간데없고, 딱딱한 모 회사 감사팀 과장이 나와 있는 듯한 느낌이었다. 친구는 감사팀에서 딱딱한 사람들과 일하더니 함께 밀랍처럼 딱딱하게 굳어버렸다. 한때 말로 사람을 녹이던 친구가 이제는 표정으로 분위기를 얼리는 사람이 되어 있었다.

우리는 알게 모르게 주변 환경의 영향을 받는다. 그러니 자신이 닮고 싶은 사람을 자주 만나야 한다. 내가 밝고 유쾌한 사람들과 자주 어울리면 나도 자연스레 밝고 유쾌한 사람이 될 것이고, 건조하고 무뚝뚝한 사람들과 오래 지내면 나 역시 딱딱한 감정에 물들어간다. 내가 자주 만나는 사람이 곧 내가 된다.

나를 소중히 여길수록
세상은 다정해진다

탤런트 홍진경은 한 방송에서 이렇게 말했다.

"남들한테 보이는 자동차, 옷, 액세서리, 이런 것보다 내가 늘 베고 자는 베개의 면, 맨날 입을 대고 마시는 컵의 디자인, 매일매일 지내는 집의 정리정돈, 여기서부터 자존감이 시작되는 것 같아요."

거창한 목표나 대단한 성취가 아니라, 매일 마주하는 일상 속에서 자존감이 시작된다는 그녀의 말에 깊이 공감했다.

사람은 누구나 남에게 잘 보이고 싶어한다. 좋은 옷을 입고, 멋진 곳에 가고, 예쁘게 보이려 애쓴다. 하지만 결국 하루가 끝나면 우리가 돌아가는 곳은 내 방, 내 베개, 내 컵이다. 그 익숙한 것들이 편안해야 비로소 마음도 편안해진다.

자존감은 '나를 얼마나 예쁘게 포장하느냐'보다 '나를 얼마나 따뜻하게 돌보느냐'와 밀접하게 관련이 있다. 정리된 공간, 내가 좋아하는 향기, 손에 잘 맞는 컵 같은 것들이 나를 위한 가장 조용한 응원이다.

남들은 몰라도 된다. 그 작은 순간들이 쌓여서 나를 단단하게 만들고, 그게 결국 나를 지키는 힘이 된다.

내가 가장 먼저 아껴야 할 사람은 언제나 나 자신이다. 세상 모든 다정함은 거기서부터 시작된다. 나를 소중히 여길수록, 세상도 나에게 조금 더 다정해진다.

좋은 사람처럼 행동하면
좋은 사람이 된다

배우 친구가 있다. 아주 유명하지는 않지만, 얼굴을 보면 알 만한 사람이다. 수십 편의 드라마에 단역으로 출연했다. 최근 그 친구와 대화를 나눴다.

친구는 요즘 맡은 역할 때문인지 인상이 점점 나빠지고 있었다. 흉악한 범죄자 역할을 하면서 누군가를 해치려는 생각을 하고 그런 대사를 반복하다 보니 피부가 거칠어지고 뾰루지가 났으며, 다크서클까지 생겼다고 한다. 게다가 식욕도 없고, 어깨가 결리고, 불면증도 생겼다는 것이다.

　반대로 정의로운 역할을 맡았을 때는 달랐다. 피부도 좋았고, 몸이 가벼웠으며, 잠도 잘 오고, 인상이 좋다는 말을 자주 들었다고 한다. 사람이 어떤 생각을 하느냐에 따라 몸이 반응하고, 표정과 인상도 달라진다. 그는 배우이기에 다양한 역할을 해야 하지만, 되도록 좋은 역할을 자주 맡는 것이 자신에게 더 긍정적일 것 같다고 이야기했다.

　드라마는 길어야 몇 개월이지만, 우리의 삶은 백 년 가까이 이어진다. 사람은 잘 바뀌지 않아서, 우리의 생각과 태도는 평생 가는 경우가 많다. 내가 어떤 생각을 하고, 어떤 말을 하며, 어떤 행동을 하는지가 내 몸과 마음에 지속적인 영향을 미친다.

　삶을 하나의 긴 드라마라고 본다면, 좋은 역할을 연기해야 한다. 좋은 사람처럼 행동하면 자연스럽게 좋은 사람이 되려고 노력하게 된다. 좋은 생각을 하면 몸과 마음도 건강해진다.

내가 살아가는 방식이 나 자신을 만든다. 좋은 생각을 하고, 긍정적인 태도로 살아가다 보면 우리는 더 나은 자신이 되고 더 나은 삶을 살 수 있다.

남을 위해서 좋은 사람이 되는 것도 좋지만, 나를 위해서도 좋은 사람이 될 필요가 있다.

각자 자신에게 맞는
자리가 있다

 만약 당신이 "잘한다", "멋지다", "고맙다" 같은 말을 듣지 못하고 있다면, 지금 당신의 가치를 충분히 인정받지 못하고 있다면, 그것은 당신이 부족해서가 아니라 아직 당신의 자리를 찾지 못했기 때문일 수도 있다. 세상에는 무수히 많은 자리와 역할이 존재하지만, 모든 자리가 나에게 맞는 자리는 아니다.

 토끼는 바다에서 살 수 없다. 거북이는 땅에서 느리다. 내성적인 사람은 사람을 만나는 것이 힘들고, 외향적인 사람은 조용한 일을 견디기 어렵다. 사람은 누구나 각자에게 맞는 자리가 있다.

잘못된 곳에 오래 머물면 내가 이상해진다. 나 또한 그랬다. 말수가 줄고, 표정이 굳고, 내가 나 같지 않았다. 벗어나고 나서야 알았다. 그곳은 내가 있을 곳이 아니었다는 것을.

그때는 몰랐다. 내가 왜 그렇게 예민해졌는지, 왜 사소한 일에도 마음이 흔들렸는지. 사람들과 어울리면 더 외로워지고, 웃고 나서도 이상하게 공허했다. 지금 돌아보면 그건 '환경의 문제'였다. 내가 틀린 게 아니라, 그 자리가 나와 맞지 않았던 것이다.

나와 맞지 않는 곳에 오래 있으면 스스로를 의심하게 된다. "내가 예민한 걸까?", "내가 부족한 걸까?" 하지만 대부분의 경우, 잘못된 환경이 사람을 망가뜨린다. 물이 탁하면 물고기가 병들듯, 사람도 공기가 맞지 않으면 생기를 잃는다. 그때 필요한 건 참는 게 아니라 '움직이는 용기'다.

벗어나고 나서야 마음이 다시 숨을 쉬었다. 밝은 표정이 돌아오고, 말투가 부드러워지고, 잠이 깊어졌다. 그제야 알았다. 나를 잃었던 게 아니라, 잘못된 곳이 나를 가리고 있었던 거였다.

자신에게 맞는 자리에서 우리는 자연스럽게 빛나게 된다. 억지로 나를 맞추려 애쓰지 않아도 된다. 편하게 숨을 쉬며, 나의 가치를 인정받으며 살아갈 수 있다. 나를 있는 그대로 봐주는 곳, 내가 더 나은 사람이라고 말해주는 곳을 찾아야 한다.

지금 내가 있는 곳이 나와 맞지 않는 곳이라면, 나의 문제가 아니라 자리의 문제일 수 있다. 그러니 자신을 의심하기보다 나를 제대로 빛나게 해줄 곳을 찾아보는 건 어떨까?

때로는 떠나는 게 이기는 일이다. 남는 게 용기일 때도 있지만, 떠나는 게 더 큰 용기일 때가 있다. '이곳은 내가 있을 곳이 아니다'라는 직감이 든다면, 미련 없이 걸어나와야 한다. 그때 비로소 내가 다시 살아난다.

당신이 빛나는 곳을 찾아가라. 당신이 빛나는 곳에 머물러라. 그 자리가 당신을 기다리고 있을 것이다. 그리고 그곳에서 당신은 온전한 나 자신으로 살아가게 될 것이다.

타인의 말에
유독 흔들리는 날에는

 평소에는 전혀 신경 쓰지 않던 말이 어느 날 갑자기 신경 쓰일 때가 있다. 지나가듯 한 말인데 괜히 마음에 걸리고, 별 뜻이 없다는 걸 알면서도 묘하게 기분이 나빠질 때가 있다. 이런 순간을 몇 차례 겪다 보면, 그 감정의 근원이 타인보다는 나 자신에게 있다는 걸 조금씩 알게 된다.
 그건 내 에너지 레벨이 낮아졌다는 신호다. 마음이 지쳐 있거나 몸이 피곤할 때, 평소 같으면 그냥 넘겼을

말에도 감정이 상하게 된다. 그래서 요즘은 그런 순간이 오면, 무언가 잘못되었다기보다 지금 내 상태가 조금 취약하다는 걸 인정하려 한다. 그 인식만으로도 감정을 다루는 태도가 달라진다.

이럴 때 가장 중요한 건 타인이나 상황을 탓하기 전에 먼저 내 마음을 가다듬는 일이다. 짧게라도 눈을 감고 심호흡을 하거나, 커피 한 잔을 마시며 잠시 멍하니 있는 시간도 큰 도움이 된다. 잠을 푹 자거나, 가까운 공원을 걷다 보면 생각보다 빠르게 마음이 풀릴 때도 있다. 결국 스스로에게 공간을 주는 일이 필요하다.

내가 다시 에너지를 회복하고 마음의 여유를 찾게 되면, 세상도 조금은 달라 보인다. 똑같은 상황인데도 덜 예민하게 받아들이게 되고, 사람들의 말도 그렇게까지 날카롭게 들리지 않는다. 결국 '세상이 나를 어떻게 대하는가'보다 '내가 어떤 상태로 세상을 바라보는가'가 더 큰 영향을 미친다.

내가 여유가 없으면 세상이 나를 각박하게 대하는 것 같고, 내가 여유가 있으면 세상도 나를 관대하게 받아주는 것 같다. 그래서 요즘은 내 마음이 거칠어질 때마다 세상을 탓하기보다는 나를 먼저 돌아보려 한다. 조금 느리게 가도 괜찮으니, 스스로의 온도를 다시 따뜻하게 만들어주는 일이 먼저라는 걸 잊지 않으려 한다.

비빌 언덕이 많은 인생은 무너지지 않는다

"소도 언덕이 있어야 비빈다"라는 속담이 있다. 소가 가려운 곳을 긁기 위해 언덕이 필요하듯, 사람도 힘들 때 의지할 곳이 있어야 한다. 인생에는 비빌 언덕이 필요하다.

인생을 잘 사는 사람은 비빌 언덕을 만든다. 그들은 비빌 언덕을 하나만 두지 않는다. 여러 개를 만든다. 하나의 언덕이 작동하지 않으면, 그다음이 있고, 또 그다음이 있다.

각각의 언덕은 친한 친구일 수도 있고, 좋아하는 운동일 수도 있고, 가벼운 취미일 수도 있고, 통장에 살뜰히 모아둔 돈일 수도 있다. 중요한 건 어디 하나에만 의존하지 않는다는 것이다. 비빌 언덕은 많을수록 좋다.

비빌 언덕이란 곧 믿을 구석이다. 믿을 구석이 많은 인생은 쉽게 무너지지 않는다. 어떤 시련이 와도 큰 충격을 받지 않고, 넘어질지언정 툭툭 털고 다시 일어설 수 있다. 비빌 언덕은 나를 힘든 세상 속에서도 단단하게 살아갈 수 있도록 해준다.

좋은 삶이란 비빌 언덕을 차곡차곡 쌓아가는 삶이다. 더 단단하게, 더 겹겹이, 더 흔들리지 않도록. 결국 나를 지켜주는 건 내가 살아온 날들 속에서 스스로 만들어온 여러 차원의 언덕들이다.

작은 불편함에
그 사람의 세계가 숨어 있다

예전에 한 선배가 이런 말을 해준 적이 있다. "사람을 좋아하는 걸로 파악하지 말고, 어디서 화내고 무엇을 불편해하는지 봐. 그게 그 사람의 경계고, 상처고, 정체성이야." 그땐 무슨 뜻인지 잘 몰랐지만, 시간이 지나고 다양한 사람들과 관계를 맺으면서 그 말이 점점 더 크게 와닿기 시작했다.

누군가는 무례한 말투에 예민하고, 누군가는 방임에 가까운 무관심을 힘들어한다. 어떤 사람은 사소한 거짓

말에 마음을 닫고, 또 어떤 사람은 비난조의 농담 하나에 깊이 상처받는다. 이 모든 반응 뒤에는 그 사람이 살아온 경험과 받았던 상처가 담겨 있다. 우리가 불편해하는 것들에는 다 이유가 있다.

사람은 자신이 중요하게 여기는 가치를 건드릴 때 가장 크게 반응한다. 정직을 중요하게 여기는 사람은 작은 거짓말에도 민감하고, 존중을 중시하는 사람은 무시당했다고 느끼는 순간 감정을 숨기지 못한다. 기준이 곧 그 사람의 방향이고, 삶의 태도다. 그래서 그 사람이 무엇에 불편해하는지 보면 그 사람의 본모습이 조금씩 보이기 시작한다.

나는 요즘 사람을 볼 때 그 사람의 취향이나 겉모습보다, 어디서 멈칫하는지를 더 유심히 본다. 어떤 말을 들었을 때 눈빛이 달라지는지, 어떤 상황에서 마음이 닫히는지에 주목하게 된다. 그건 곧 '여기까지만 들어와도

돼'라고 말해주는 보이지 않는 경계선이다. 그 경계를 존중하는 방식으로 관계를 맺으려 노력한다.

    사람을 이해한다는 건 그 사람의 민감한 지점을 함부로 건드리지 않는 일이다. 말로 표현하지 않아도, 몸이 먼저 반응하는 불편함을 읽어내려는 노력. 그것이 쌓여야 비로소 진짜 신뢰가 만들어진다. 어디서 화내는지 보면 그 사람이 보이기 시작한다. 그리고 그 지점에서 우리는 조금 더 조심스럽고 다정해질 수 있다.

힘들 때
한 번 더 하는 것

헬스장에서 PT를 받으면 트레이너가 늘 하는 말이 있다. "한 번 더!"

가장 힘든 순간, 더 이상 못 하겠다 싶을 때 트레이너는 나에게 한 개만 더 들어 올리자고 한다. 힘들 때 한 번 더 하는 그 순간, 근육이 성장하기 때문이다.

1년 후에는 나에게도 제법 근육이 잡혀 있었다. 가장 힘들 때 한 번 더 들어올린 것이 내 몸에 남았다.

운동뿐 아니라 공부도 마찬가지다. 가장 힘든 문제를 풀었을 때 실력이 는다. 삶에서도 마찬가지다. 가장 힘든 시련이 나에게 교훈을 준다. 그 순간 포기하지 않는 사람만이 성장할 기회를 얻는다.

힘들 때 한 번 더 노력하는 것이 진짜 실력이 된다. 한계를 느낄 때 한 걸음 더 나아가는 사람이 결국 더 강해진다. 쉽게 쌓은 것은 쉽게 사라진다.

누군가는 힘든 순간을 포기해야 할 때라고 하지만, 나는 힘든 순간이야말로 새로운 시작을 할 때라고 생각한다.

넘어지고, 흔들리고, 무너지는 순간. 그때 딱 한 번 더 하는 것이 다음 단계를 만든다. 저항을 이기는 순간, 우리는 새로운 세상으로 나아갈 수 있다.

그러니 힘들다는 것은 저주가 아니라 오히려 축복이다. 진정한 성장의 단계에 접어든 것이니까.

노력할수록 운이 좋아지는
4가지 이유

요즘은 노력이 의미 없다는 이야기를 종종 듣는다. 열심히 해 봤자 안될 수도 있다고 한다. 그렇다. 안될 수도 있다. 하지만 나는 노력할수록 운이 좋아진다고 믿는다. 여기에는 4가지 이유가 있다.

1. —— 성공 횟수가 많아진다

계속 시도하면 성공 횟수가 많아진다. 농구에서 3점 슛을 던진다고 가정해 보자. 성공률이 30%든 10%든, 여러 번 던지면 결국 성공 횟수가 늘어난다. 던지다 보면 실수로라도 들어간다. 이처럼 시도하다 보면 실수로라도 성공하게 된다.

2. ── 실력이 는다

계속 시도하면 성공 횟수뿐 아니라 성공 확률도 높아진다. 시도하면서 더 나은 방법을 찾다 보면 결국 실력이 쌓이기 때문이다.

3. ── 노력이 삶의 태도가 된다

노력하는 자세가 삶을 대하는 태도가 된다. 반대로 '해도 안 되겠지'라는 생각도 삶의 태도가 된다. 매 순간의 선택과 생각이 쌓여 한 사람의 인생을 결정한다. 어떤 태도를 장착해야 하는지는 분명하다.

4. ── 누군가는 알아준다

노력은 개인적인 성취를 넘어서 타인이 나를 평가하

는 기준이 된다. 내가 노력하는 사람이라는 것을 누군가는 알고, 그 인식은 신뢰로 이어진다. 신뢰는 현대 사회에서 가장 강력한 자산 중 하나이다.

지금 하고 있는 일이 별 의미 없게 느껴질 수도 있다. 그럴 수 있다. 하지만 노력할수록 운이 좋아진다. 성공 확률이 높아지고, 삶의 태도가 변한다.
그러니 노력을 가볍게 여기지 말자. 노력은 반드시 좋은 운으로 이어지니까.

삶은 아주 사소한 시도에서
다시 시작된다

수년째 취업을 못하던 친구가 있었다. 면접이 끝날 때마다 자책했고, 시간이 지날수록 무기력하다는 느낌을 받았다. 자신이 아무 쓸모없는 사람 같다는 말도 했고, 하루하루가 무겁고 느리게 흘러간다고 털어놓았다. 그런 말을 듣는 나도 함께 힘들었던 기억이 난다.

그러던 어느 날, 친구가 편의점 아르바이트를 시작했다. 처음엔 생계를 위한 선택이었지만, 그 이후 친구의 표정이 조금씩 달라졌다. 작은 일이라도 매일 해내고 있다는 감각이 생겼고, 시간이 채워진다는 뿌듯함도 생겼다고 했다. 하루에 몇 시간이라도 움직이고 있다는 사실이 삶을 다시 붙잡는 느낌이라는 것이다.

어느 날 그 친구가 내게 이런 말을 해주었다. "내 삶에 대한 통제력이 생기면서 우울증이 나아진 것 같아." 그 말이 참 오래 마음에 남았다. 삶을 통제한다는 감각은 생각보다 훨씬 큰 힘을 마음속에 심어준다.

무기력은 아무것도 하지 않는 상태에서 더 깊어진다. 작은 일이라도 직접 움직이면서 조금이라도 주도권을 느낄 수 있다면 그 자체가 우울을 밀어내는 힘이 된다. 중요한 건 일의 크기가 아니라 '내가 내 삶을 만들어가고 있다'는 감각이다.

친구는 아르바이트를 시작하면서 다시 면접 준비를 했고, 결국 자신이 원하던 회사에 취업을 했다. 그리고 지금도 무기력함이 찾아올 때마다 그때의 기억을 되살

리며 몸을 움직인다고 한다.

우리는 자주 거창한 목표에 눌려 작은 시도를 놓친다. 하지만 실제로 삶을 회복시키는 건 아주 사소한 움직임이다. 출근 준비를 하고, 인사를 건네고, 몸을 움직이고, 무언가 책임지는 그 행위들이 나를 이끄는 단단한 중심이 되어준다.

그러니 가만히 주저앉아 있지 말고, 아주 작은 움직임이라도 시도해 보자. 삶은 거기서부터 다시 시작될 수 있다.

내가 듣고 싶었던 말을
남에게 건네는 사람

상처가 많은 사람일수록 남에게 더 따뜻하다. 그들은 자신이 듣고 싶었지만 듣지 못했던 말을 기억한다. 외면당했던 순간, 가볍게 스쳐 지났던 말의 상처를 오래 품어왔다. 그래서 다른 이에게는 비슷한 상처를 남기지 않으려 한다.

"괜찮다"는 말이 얼마나 큰 위로가 되는지 알기에, 누군가에게 먼저 괜찮다고 말해준다. "수고했다"는 말 한마디가 며칠을 버티게 한다는 걸 알기에, 작은 일에도 고맙다고 말한다. "밥 먹었어?"라는 말에 눈물을 흘린 적이 있기에, 조용히 상대에게 작은 위로를 던진다. 자신이 듣고 싶었던 말이 곧 자신이 건네는 언어가 된다.

다정은 내가 듣고 싶은 말을 건네는 것이다. "괜찮아"라는 말 뒤에는 괜찮지 않았던 기억이 있고, "고마워"라는 말 뒤에는 외면당했던 시간이 있다. 다정은 결국, 지나온 아픔이 만든 사랑의 언어다.

불운은 사람이
가져온다

서울에서 부산까지 차를 몰고 출장을 갔다. 고속도로에는 많은 차들이 질주하고 있었다. 시속 150km로 갑자기 앞에 튀어나오는 차도 있었고, 안전거리 없이 뒤에 바짝 붙어 위협하는 차들도 있었다. 잠시 마음을 놓을 만하면 사고를 일으키게 만드는 차들이 나타나 긴장이 되었다.

내가 아무리 운전을 잘해도 그런 차들 근처에 있으면 사고에 휘말릴 확률이 높아진다. 그들을 욕하거나 맞서

싸울 수도 있겠지만, 최대한 멀어지는 것이 안전을 지키는 가장 현명한 선택이다.

우리 인생도 그렇다. 살다 보면 폭력을 쓰는 사람, 타인의 감정을 이용하는 사람, 습관적으로 거짓말을 하는 사람들을 만나게 된다. 때로는 가까운 사이에서도 무례한 행동을 마주하게 되고, 내가 감당할 수 없는 결을 가진 사람을 만날 수도 있다.

삶에서 마주치는 대부분의 불운은 사람이 가져온다. 그런 사람들을 만나면 최대한 거리를 두는 것이 내 삶을 지키는 길이다. 괜히 얽히면 그들의 불운까지 내가 떠안게 될 수도 있기 때문이다.

어떤 사람과 가까워질지 고민하는 것처럼, 어떤 사람과 거리를 둘지도 신중해야 한다. 무례한 사람에게 휘둘리지 않도록 내가 먼저 그들과의 거리를 조절해야 한다.

내가 하는 말이
삶을 조각한다

 자기 일에 열정이 넘치던 후배가 있었다. 같은 팀원으로 가까이 일했다. 한 번은 그 후배가 중요한 프로젝트를 진행했는데 결과가 좋지 않았다. 내가 위로를 건네니 그녀가 바로 하는 말. "괜찮아요, 이번 기회에 배웠거든요."

 멘탈이 참 좋다는 생각이 들었다. 그런데 그때만이 아니었다. 거의 매번, 그녀는 남들이 "실패했다"라고 여기는 일에 "배웠다"라고 말버릇처럼 이야기하곤 했다.

그녀가 가지고 있는 프레임은 '성공과 실패'가 아니라, '성공과 배움'이었다.

캐나다에 살 때, 큰 아들의 캐나다 친구 중에 유독 이 말을 많이 쓰는 아이가 있었다. "Why not?" 내가 새로운 놀이를 제안해도 "Why not?" 새로운 한국 음식을 제안해도 "Why not?" 한국어로 바꾸면, "안 할 이유가 없죠" 정도의 뜻일 것이다.

아들은 그냥 "네" 정도로 대답할 이야기에 "Why not?"을 입버릇처럼 쓰는 친구였다. 그 아이는 세상을 안 할 이유가 있는 일과 안 할 이유가 없는 일로 바라보았는지도 모른다. 반복해서 그의 말을 듣다 보니 참 긍정적으로 세상을 바라본다는 생각이 들었다.

캐나다 길거리를 다니다 보면 "How are you?"라는 말이 자주 들려오고, 그러면 나는 자주 "Great, how about you?"라고 말하게 된다. 그런데 "Great"라고 말하는 순간, 이미 내 기분은 좋아지고 있었다.

나의 말이 나의 기분과 자세를 결정한다. "Why not?" 하는 순간 도전 정신이 생기고, "Great" 하는 순간 기분이 좋아진다. 공격적인 말을 하면 공격을 당하고, 욕을 하면 욕할 일이 생긴다. 별것 아닌 것 같은 말들이 나의 자세를 결정하고, 그런 자세가 모여 나의 태도를 결정하고, 그런 태도가 결국 내 인생을 만든다.

탈무드에 이런 말이 있다.
승자가 즐겨 쓰는 말은 "다시 한번 해보자."
패자가 즐겨 쓰는 말은 "해봐야 별 수 없다."

나는 오늘 어떤 언어를 쓸 것인가? 나는 오늘 나에게 어떤 말을 해 줄 것인가? 내가 쓰는 언어가 나를 조각한다. 내가 쓰는 언어가 내 운명을 조각한다.

남을 부러워하지 않는 이유

SNS를 보면 다들 대단해 보인다. 그들의 삶은 화려해 보이고, 마치 아무 걱정 없이 살아가는 사람들처럼 보이기도 한다. 그들과 비교되며 나는 자주 초라해지고, 괜히 부족한 사람처럼 느껴진다. 하지만 정말 그럴까?

누구나 겉으로는 아무렇지 않아 보여도, 다들 어딘가에서 조용히 눈물을 닦는다. 회의실 밖에서 혼자 한숨 쉬고, 퇴근길 버스 창가에 기대 멍하니 눈물 흘리고, 밤이 되면 조용히 흩어진 마음을 쓸어담는다. 우리 대부분은 그런 시간을 끼고 살아간다.

    그럼에도 다시 일어선다. 해야 하니까. 멈출 수 없으니까. 아침이 오면 또 씻고 나가서 일하고 살아낸다. 우리는 그렇게, 슬쩍 울다 말고 다시 일하는 사람들이다.

    누구는 커리어, 누구는 관계, 또 누구는 자기 자신과 씨름하느라 하루하루를 버틴다. 그런 모습을 굳이 드러내지 않을 뿐, 다들 비슷하게 아프고 비슷하게 고장 나 있다.

    그러다 하루 중 잠깐 내가 가장 예쁜 순간, 가장 기분 좋은 순간 셔터를 누른다. 그 사진을 SNS에 올리고 그 순간을 오늘 하루 전체로 만들려 한다. 남들은 그 순간을 보며 나를 행복한 사람, 성공한 사람이라고 여긴다.

    요즘 나는 남을 함부로 부러워하지 않는다. 대신 조용히 응원한다. 그 사람을, 그리고 나를. 이제는 안다. 그 사람도 어딘가에서 버티고 있을 거라는 걸. 그 웃음 뒤에는 꺼내지 못한 슬픔도 함께 있을 거라는 걸. 그렇게 알게 된 마음은, 함부로 비교하지 않고 조용히 공감하는 쪽으로 나를 데려간다.

우리는 모두 혼자서 조용히 울어본 사람들이다. 중요한 건 아픔을 안고도 다시 일어나는 거다. 사람은 대체로 비슷하게 살아간다. 오늘 조금 울었더라도 괜찮다. 우리는 언제나 다시 웃을 수 있는 사람들이니까.

평범한 일을
대단히 오래 하면

가슴 뛰고 즐거운 일을 하는 것은 대단한 복이다. 어차피 일을 해야 하는데, 내가 좋아하는 일을 하면서 살 수 있다면 그보다 더 큰 축복은 없다.

그런데 그런 일을 누구나 쉽게 찾는 것은 아니다. 누군가는 20대에 찾지만, 누군가는 40대에 찾고, 누군가는 나이가 더 들어서야 찾는다. 심지어 평생 찾지 못하는 사람도 있다.

그렇다면 어떻게 해야 할까? 평생 내가 좋아하는 일을 찾겠다고 지금 하는 일을 소홀히 해야 할까? 나는 왜 이런 일을 하고 있나, 자책하며 시간을 보내야 할까?

아니다. 내가 하고 있는 평범해 보이는 일도 오래 하면 특별한 일이 된다. 어떤 일을 대단히 오래 한다는 것 자체가 그 일을 대단하게 만드는 힘이 있다.

내가 좋아하는 일을 찾는 것은 중요하다. 하지만 그 과정에서 지금 하고 있는 일을 소홀히 하지 않고, 묵묵히 오래 하며 특별한 일로 만드는 것도 좋은 방법이다.

어떤 특별함은, 평범한 날들이 쌓인 끝에 자연스럽게 내 삶 속에서 빛을 발한다.

평범한 일을 대단히 오래 하면 특별해진다.

진짜 당당함이란
이런 것이다

사회 초년생 시절, 한 후배가 있었다. 그녀는 주변 사람들에게 아껴 쓰는 사람으로 알려져 있었다. 실제로도 절약하며 묵묵히 돈을 모으는 모습이 인상적이었다. 그런 태도는 말하지 않아도 주위에 전해졌는데, 일부 선배들은 그런 그녀를 비아냥거리기도 했다.

후배는 몇 년째 같은 코트를 입고 다녔다. 어느 날, 한 선배가 말했다. "너 그 코트, 이제 좀 바꿀 때 되지 않았어?" 그녀는 코트 옷깃을 얼굴 쪽으로 당기며 말했다. "저는 이 코트가 제일 따뜻하고 편해요."

그녀가 당당하게 받아들이자, 상대는 더 이상 아무 말도 하지 않았다.

동료들과 카페에 가면 후배는 항상 아메리카노를 마셨다. 어느 날, 한 선배가 말했다. "넌 왜 항상 제일 싼 커피만 먹어?" 후배는 가볍게 웃으며 답했다. "저는 이게 제일 맛있어요."

그녀는 자신의 선택을 부끄러워하지 않았고, 그 당당함이 언제나 그녀를 지켜주었다.

몇 년 뒤, 후배는 아버지에게 차를 사 드렸다고 했다. 대형 화물차였다. 어머니와 이혼한 뒤 근근이 생계를 유지하던 아버지의 오랜 소원이 자신의 화물차를 갖는 것이었고, 후배는 그 꿈을 돕고 싶어 했던 것이다.

그녀는 자신의 삶에서 가장 소중한 걸 지켜내기 위해

노력했고, 그 과정에서 부끄러움이 없고 당당했다.

누군가 당신의 삶을 평가하려 할 때, 그저 "네, 저는 이렇게 사는 게 좋아요"라고 답하면 된다. 자신의 삶을 부끄러워하지 않는 태도, 이것이 진짜 당당함이다.

돌아보면 시련은
결국 선물이더라

왜 나만 이렇게 힘들까 싶었던 날들이 있었다. 왜 하필 나일까, 왜 지금일까, 왜 이런 일이 나에게만 닥칠까. 모든 게 버거웠고, 아무 의미도 없는 것 같은 날들이 있었다. 그저 하루하루 버티는 것밖에 할 수 없던 시절이 있었다.

하지만 시간이 많이 지나고 나서 알게 됐다. 사실은 그 시간들이 나를 단단하게 만들어주었다는 걸. 웬만한 어려움과 고통에는 쉽게 쓰러지지 않는 나를 만들어주었다는 걸.

어쩌면 그 시절의 내가 없었다면 지금의 나는 이만큼 성장하지 못했을지도 모른다. 그때는 몰랐지만, 지금 돌아보면 보인다. 가장 아팠던 순간들이 나를 가장 많이 바꾸었다는 걸. 그때의 고통이 나를 밀어붙였고, 그 시련들이 나를 다시 단단하게 꿰매주었다는 걸.

시련은 언제나 얼굴을 바꾸고 돌아온다. 그 순간에는 폭풍 같고 눈물 같지만, 지나고 나면 어느 날 조용히 등을 토닥이며 말한다.

"그때 참 잘 견뎠다. 네가 잘 해낼 줄 알았다. 고생했다"라고.

시련은 돌아보면 꼭 선물 같은 얼굴을 하고 있더라.

과연 돈을 많이 벌면
성공일까?

　PD인 친구가 일본에서 오래된 가게들을 취재했다. 취재 대상은 백 년이 넘도록 대를 이어온 가게들이었는데, 그중에서도 오랜 전통을 지켜왔지만 시대의 변화 속에서 확장을 이루지 못한 곳들 위주였다.

　프로그램의 목적은 변화의 필요성을 조명하는 것이었다. 쇠락해 가는 가게들, 줄어드는 매출, 그리고 생존을 위한 고민들. 그 과정에서 교토 어딘가에 위치한 한 공예 가게를 찾았다.

그곳은 4대째 전통을 이어오고 있는 공방이었다. 과거에는 번성했지만, 이제는 매출이 점점 감소하고 있었다. PD 친구는 인터뷰를 진행하며 가게 주인의 고민을 담아내려 했다.

그런데 예상과 다른 일이 벌어졌다. 공방을 운영하는 4대째 장인은 너무나도 행복해 보였다. 그는 자신의 일에 자부심이 있었고, 즐겁게 일했다. 매출이 줄고 가게가 쇠락해도 그것이 그의 행복을 방해하지는 못했다.

결국 PD 친구는 촬영분을 프로그램에 넣을 수 없었다. 장인의 행복한 모습이 프로그램의 방향과 맞지 않았기 때문이다. 이 이야기를 해주던 친구는 마지막에 나에게 이런 질문을 던졌다.

"과연 성공의 기준이 뭘까?"

우리 사회는 성공을 확장과 성장으로 정의한다. 더 많은 돈, 더 큰 영향력, 더 높은 자리.

그런데, 그냥 매일 하루하루가 만족스럽고 행복하다면 그건 성공이 아닌 걸까? 돈이나 성장만이 성공의 잣대일 수는 없다. 내게 주어진 하루를 기쁘게 살아내는 것, 어쩌면 그것이 가장 확실한 성공일지 모른다.

2부

진짜를 가진 사람은 조용하다

인생에 그늘이 많아서
늘 시원했어요

　한여름이었다. 회사에 인턴이 들어왔다. 우리는 함께 식사를 하고 커피숍에 들렀다. 첫 출근한 인턴에게 자연스럽게 질문이 이어졌고, 그는 조금씩 자신의 이야기를 시작했다.

　알고 보니 인턴은 부모님이 안 계셨고, 어려운 환경에서 자랐으며, 대학도 아르바이트를 병행하며 가까스로 졸업했다고 했다. 일과 공부에 매진하느라 수상 이력도, 해외여행 경험도 없었다. 얼마나 힘들었을까. 사람들의 안쓰러운 시선이 그에게 쏠렸을 때, 그는 한마디를 던졌다. 나는 아직도 그 말을 잊을 수 없다.

"제 인생에 그늘이 좀 많죠? 그런데, 그래서 늘 시원했어요."

그는 그렇게 말하며 우리를 향해 활짝 웃어 보였다.

그는 인생에 그늘이 많아서 시원하다고 했다. 누군가가 인생의 그늘에 지쳐 쓰러질 때, 누군가는 그늘이 시원해서 좋았다고 말한다.

그가 어떤 마음으로 그렇게 말했는지는 모르겠다. 하지만, 나는 아직도 그의 말을 잊을 수가 없다.

가끔 내가 삶에 지칠 때 그날의 일을 떠올린다. 그러면 나도 그늘에서 함께 쉬어갈 수 있을 것 같아서. 그렇게, 조금 더 힘을 낼 수 있을 것 같아서.

행복으로 가는
두 가지 길

 건강해지고 싶지만 운동은 하기 싫고, 살을 빼고 싶지만 야식은 참을 수 없다. 좋은 성적을 받고 싶지만 공부는 하기 싫고, 돈을 벌고 싶지만 일하기는 싫다. 많은 사람이 이런 딜레마에 빠져 있다.
 그러나 이 세상에 공짜는 없다. 내가 원하는 것이 있다면 그에 맞는 행동을 해야 한다. 행동하지 않고 저절로 얻을 수 있는 것은 없다.

행복하기 위해서는 두 가지 중 하나를 선택해야 한다. 하나는 바라는 것이 없는 삶이고, 다른 하나는 바라는 것이 있고 그것을 위해 노력하는 삶이다. 이 둘 중 어떤 것을 택하든, 분명한 자기 기준이 있다면 행복은 충분히 가능하다.

첫 번째는 바라는 것이 없는 삶이다. 욕심이 없고, 기대도 없기 때문에 지금 이 순간을 그대로 받아들이며 만족할 수 있다. 어쩌면 이게 가장 단순하고 순수한 형태의 행복일지도 모른다. 더 가지려고 애쓰지 않고, 지금 있는 것에 감사하면 마음이 평온해진다.

두 번째는 바라는 것이 있고, 그 목표를 향해 꾸준히 나아가는 삶이다. 이 경우 목표를 이루었을 때 성취감으로 행복하기도 하지만, 더 중요한 것은 그 과정 자체에서 의미와 기쁨을 찾을 수 있다는 점이다. 사람은 자기 발전의 흐름 속에서도 충분히 행복을 느낀다. 내가 나를 이끌어가는 감각만으로도 삶은 단단해진다.

가장 위험한 건 이 둘 사이에서 방향을 잃은 상태다. 바라는 것은 분명 있는데, 그것을 위해 움직이지 않는 경우다. 꿈은 크지만 실천은 미루고, 오늘도 노력해야지 다짐하면서 아무것도 하지 않은 채 하루를 마감하고 후회를 반복한다. 그런 삶은 자신에 대한 실망과 불만족이 겹겹이 쌓이며 자존감이 점점 무너진다.

더 안타까운 건, 그렇게 자기를 방치한 채 시간이 흐르면 남의 성취를 시기하게 되는 경우도 많다는 것이다. 내가 가지지 못한 것을 이룬 사람을 보며 괜히 불편해지고, 심하면 비난하거나 깎아내리고 싶어진다. 누군가를 향한 분노로 시간을 소비하는 사람들은 보통 자신을 제대로 돌보지 못한 사람들이다.

그러니 행복하기 위해서는 위의 두 가지 길 중 하나를 선택해야 한다. 그래야 비로소 행복하게 살아갈 수 있다.

좋을 때보다
힘들 때 사람을 본다

 아버지는 늘 내게 결혼 전에 배우자가 될 사람과 함께 등산을 해보라고 말씀하셨다. 진짜 모습을 보기 좋기 때문이다. 숨이 턱끝까지 차오르면 말투부터 달라진다고 했다. 평소에 다정한 척, 인내하는 척하던 모습이 전부 흐트러지고, 그때 드러나는 말과 표정이야말로 그 사람의 진짜 모습이라는 것이다.

 그 말이 처음에는 농담처럼 들렸다. 하지만 시간이 지나며 조금씩 실감하게 되었다. 좋을 때는 누구나 괜찮아 보인다. 웃는 얼굴도, 친절한 말도 그리 어렵지 않다. 그러나 몸이 지치고 마음이 힘들 때는 달라진다. 억지로 눌러왔던 성향이나 평소에 감춘 표정이 금세 드러난다. 그 순간이 되면 그 사람이 어떤 마음을 품고 사는지가 보인다.

나는 새로운 사람을 만날 때마다 그 조언을 떠올리곤 한다. 편안한 자리에서는 보이지 않던 본모습이, 불편한 상황에서 불쑥 드러나기 때문이다. 꼭 등산일 필요는 없다. 함께 길을 잃을 때, 계획이 어긋날 때, 예상치 못한 변수가 찾아올 때, 이런 때의 반응은 꾸며낼 수 없다.

요즘 나는 좋을 때보다 힘들 때 그 사람을 본다. 사람의 본심은 편안할 때보다 힘들 때 더 정확히 드러나기 때문이다.

마음이
흙탕물일 때는

힘들 때 종종 떠올리는 말이 있다.

"마음이 흙탕물일 때가 있다. 그럴 때는 어떻게 하려 노력하는 게 아니라, 가만히 기다려야 한다. 흙이 바닥에 가라앉을 때까지."

마음이 흔들리는 것 같을 때, 내 삶이 뒤엉켜 보일 때 조급하게 바로잡으려 들다가 오히려 더 엉망이 되는 경우가 많다. 누군가에 대한 미움이나 원망이 올라올 때 그 감정을 해소하겠다며 감정적으로 반응하면, 오히려 그 감정이 더 커지기도 한다.

요즘은 마음이 어지러울 때 억지로 고치려 들지 않으려 한다. 미움이 피어오르고 후회와 자책이 마음을 가득 채울 때도, 그 모든 감정을 억누르기보다는 조용히 들여다보려 한다. 그 감정들 또한 내 일부이고, 내가 평화를 선택하면 조금씩 잠잠해질 거라는 믿음이 생겼다.

삶의 많은 문제들은 우리가 너무 바쁘게 움직이고 너무 빨리 판단하려는 데서 비롯된다. 멈추지 않으면 보이지 않는 것들이 있고, 서두르지 않으면 저절로 풀리는 문제들도 있다. 생각과 감정의 속도를 잠시 늦추는 것만으로도 마음이 제자리를 찾는 순간이 온다.

가끔은 아무것도 하지 않는 것이 정답일 때가 있다. 흙이 바닥에 가라앉을 시간을 주듯, 내 마음에도 그런 쉼이 필요하다. 자기 감정을 다룰 줄 아는 사람은 조용히 기다릴 줄 안다.

2년 만에 찾아온 후배의 용건

내가 16년 동안 다닌 회사를 퇴직한 지도 벌써 2년이 되었다. 그런데 올해 초, 그때 다니던 회사 후배가 갑자기 나를 찾아왔다.

과거 그 후배와는 친밀한 관계가 아니었다. 우리는 성향이 달라 서로 잘 맞지 않았다. 그가 친하지도 않았던 나를 찾아온 이유가 궁금했다. 어떤 용건인지 혼자서 여러 가지 시나리오를 그려봤다.

하지만 후배의 용건은 내 예상과 전혀 달랐다. 그는 나에게 사과를 하러 왔다고 말했다.

내가 퇴직을 앞두고 있을 때, 나를 차갑게 대했던 것이 마음에 걸렸다고 했다. 사실 그때는 나도 회사를 차갑게 바라보던 시기였다. 주변 사람들의 시선에 신경 쓰지 않던 때였고, 휴직도 했으며, 회사 일도 조금씩 정리하기 시작하고 있었다. 그래서 누군가가 나에게 차갑게 대해도 괜찮다고 생각했던 시기였다.

그는 시간이 지나면서 그때의 나를 이해하게 되었다고 했다. 그리고 지금 내가 독립하여 잘 지내는 모습을 보며 존경의 마음을 갖게 되었다고 했다. 그는 거의 2년 만에 그 이야기를 하러 온 것이었다.

누군가의 사과를 받는 것은 참 신선한 경험이었다. 그에게는 정말 사과 이외에는 다른 용건이 없었다. 사과 한 번에 그가 다르게 보였다. 나는 그가 사과할 수 있는 사람이라고 생각하지 않았다. 사과가 필요한 일이라고 생각하지도 않았다. 그러나 그의 그릇은 내가 예상했던 것보다 훨씬 컸다.

대부분의 사람들은 사과하지 않는다. 친하지 않은 사이도 그렇고, 친한 사이 또한 마찬가지다. 친하지 않다면 친하지 않기 때문에, 친하다면 친하기에 굳이 사과할 필요가 없다고 생각할지도 모른다.

사과는 자신의 실수를 인정하는 것이다. 그리고 그것은 더 나은 사람이 되고자 하는 노력이다. 대부분의 사람은 쉽게 바뀌지 않지만, 사과할 줄 아는 사람은 변화할 수 있다. 사과할 줄 아는 사람은 믿을 수 있다.

그리고 그런 사람은, 결국 더 단단한 관계와 인생을 만들어간다.

백미러만 보면서 운전하면
사고 난다고

언젠가 어떤 일본인이 쓴 글을 본 적이 있다.

"마음이 조금 지쳤던 시기에 혼자 술 한잔하러 갔던 적이 있다. 사장님에게 과거의 힘들었던 일을 궁시렁거리고 있으니까, 옆에서 술 마시고 있던 트레이닝복 차림의 수염 숭숭 난 아저씨가 '백미러만 보면서 운전하면 사고 난다고'라고 했던 말이 묘하게 납득이 가서 가끔씩 떠오른다."

백미러만 보면서 운전하면 사고 난다. 멋진 비유다.

우리는 자주 과거의 후회를 자책하며 과거에 얽매여 산다. "그때 왜 그랬을까?", "그때 왜 그런 선택을 했을까?" 같은 생각에 빠진다. 하지만 과거를 후회해 봤자 바뀌는 것은 아무것도 없다.

더 큰 문제는 과거의 후회가 지금을 제대로 살아가지 못하게 만든다는 것이다. 운전을 하면서 앞을 보지 않고 백미러만 보고 있는 것과 같다. 그렇게 운전하면 결국 사고가 난다. 과거에 대한 후회가 또다시 후회할 일을 만드는 것이다.

과거를 잊는 것은 쉬운 일이 아니다. 그럼에도 꼭 해야 한다. 시선이 자꾸 백미러로 가더라도 정면을 바라봐야 한다. 우리는 현재를 살며 미래로 나아가고 있기 때문이다. 백미러에 비치는 풍경을 바꿀 수는 없지만, 내가 어디를 바라보는지는 선택할 수 있다.

마음이 닿지
않도록

정신건강의학과 전문의 오은영 박사는 한 방송에서 이런 말을 한 적이 있다.

"공감 능력이 클수록 혼자 다 끌어안게 되고 남의 감정에 쉽게 지치다 보니 나부터 무너질 수 있습니다."

따라서 공감을 잘하는 사람일수록 만날 사람을 신중하게 선택해야 한다는 조언이었다. 그 말이 오래 마음에 남았다.

사람들은 흔히 공감 능력을 좋은 것이라고만 생각한다. 누군가의 마음을 헤아리고, 상처에 귀 기울이고, 함께 울어주는 게 다정한 일이라 여긴다. 하지만 공감 능력이 높다는 건 나 자신이 더 많은 짐을 떠안는다는 뜻이기도 하다. 공감하는 과정에서 상대의 슬픔, 불안, 분노가 내게도 스며들기 때문이다.

그래서 공감 능력이 높을수록 만날 사람을 잘 선택해야 한다. 아무에게나 마음을 열고 다 받아주다 보면, 결국 내 마음이 먼저 지쳐버린다. 진짜 공감은 무한히 받아주는 것이 아니라, 지켜낼 선을 아는 데서 시작된다.

나도 그랬다. 누군가 힘들다고 하면 밤새 이야기를 들어주고, 괜찮아질 때까지 옆에 있어주었다. 하지만 정작 내 마음이 힘들 때는 누구에게도 쉽게 기대지 못했다. 그렇게 점점 무너지고서야 알았다. 공감을 잘하는 사람은 남의 고통에는 예민하지만, 자신의 고통에는 둔감하다는 걸.

공감은 능력이 아니라 에너지다. 아무리 좋은 마음이라도 관리하지 않으면 고갈된다. 남의 감정에 몰입할수록 내 마음의 공간이 좁아지고, 어느 순간 내 감정을 다스릴 힘조차 사라진다. 공감은 좋은 능력이라 생각했는데, 그 다정함이 때로는 나를 소진시키는 원인이 될 수도 있다는 걸 알게 되었다.

그래서 공감 능력이 높은 사람은 만날 사람을 조심히 선택해야 한다. 아무에게나 마음을 내어주면 결국 내가 다 감당해야 하니까. 나를 지켜주는 건 공감의 크기가 아니라, 경계의 선명함이다.

공감은 분명 소중한 능력이지만, 동시에 자기 보호가 필요하다. 스스로를 먼저 아끼는 방법을 아는 사람, 그 사람이 오래도록 따뜻할 수 있다.

내가 경험한 것만이
내 세상이 된다

20년 동안 부산에서만 살았던 나는 서울에 가는 것이 정말 두려웠다. 처음 서울에 간 날에는 신촌 거리를 걷는 것마저 두려웠다. 처음 해외에 나갈 때도 그랬다. 25년 동안 한국에서만 살았던 나는 해외에 가는 것이 두려웠다. 익숙하지 않은 뉴욕 거리를 헤매고 다니며 나도 모르게 잔뜩 움츠러들었던 기억이 난다.

처음 많은 사람들 앞에서 발표한 날엔 사시나무 떨듯 떨었으며, 처음 책을 출간한 날엔 밤새 뒤척였고, 처음

방송에 출연한 날엔 입술이 바짝바짝 마르며 횡설수설을 반복했다. 하지만 이 모든 것이 이제는 훨씬 편한 일이 되었다.

아직도 내가 경험해 보지 못한 것들이 많다. 처음은 언제나 긴장되고 걱정되고 무섭다. 하지만 이제는 안다. 내가 두려운 이유는 경험해 보지 못해서 그런 것이라는 사실을. 아직 내 세상이 아니라서 그렇다. 내가 보고 듣고 경험하면 내 세상이 되고, 그러면 더 이상 긴장되거나 무섭지 않다.

사람은 새로운 것을 많이 보고 경험해야 한다. 새로운 것을 경험한 사람의 정신은 과거의 자리에 머물지 않는다. 더 큰 세상을 보고 새로운 곳으로 나아간다. 내가 경험한 것이 내가 된다. 그렇게 내 세상을 넓혀 나가는 것이다.

사소한 것에도
행복해하는 연습

유독 기억에 남는 친구가 한 명 있다. 대학교 시절 친하게 지냈던 친구였는데, 그 친구에겐 정말 사소한 것에도 행복해하는 습관이 있었다. 같이 떡볶이를 먹으면 "어떻게 이렇게 맛있는 떡볶이가 있을 수 있지?" 하면서 세상에서 제일 행복한 얼굴로 웃었고, 커피 한 잔을 마시면서도 "이런 맛있는 커피가 있다니!" 하며 진심으로 감탄하곤 했다. 그때 나는 친구를 조금 실없는 사람이라고 여겼던 것 같다.

시간이 지나고 사회에 나가면서, 무뚝뚝한 얼굴로 무뚝뚝한 일들을 반복하며 하루하루를 보내게 되었다. 웃을 일도, 감탄할 일도 점점 줄어들었고, 감정 표현도 서툴러졌다. 그런 와중에 우연히 이국종 교수님의 강연에서 한 문장을 듣게 되었다. 그 말은 내 마음을 단번에 붙잡았다.

"남의 인생은 성공한 것처럼 보이고 행복하며 멋져 보일 수 있습니다. 그러나 인생이 아무리 화려해 보여도 결국 우울한 종말이 찾아옵니다. 구내식당 점심 반찬이 잘 나온 것 같은 사소한 일에도 행복을 느끼지 않으면 견딜 수 없습니다."

이 문장을 듣는 순간, 대학교 시절 학식 떡볶이에 행복해하던 그 친구가 불현듯 떠올랐다. 내가 예전에는 사소하다고만 생각했던 그 친구의 모습이, 사실은 사소한 게 아니었을 수도 있다는 생각이 들었다. 어쩌면 그건 그가 매일을 조금 더 기분 좋게 살아가기 위한 태도이자 스스로를 돌보는 방식이었는지도 모른다.

지금 나는 커피 한 잔에도 기분이 좋아지고, 햇살 좋은 날엔 자연스레 미소가 지어진다. 예전엔 넘겨버렸던 순간들에 가만히 머무는 법을 배우고 있고, 감탄하고 웃는 연습도 다시 시작하고 있다. 행복은 거창한 성취가 아니라 사소한 장면들 속에 숨어 있다는 걸, 나도 이제 조금은 느낄 수 있다.

그래서 오늘도 이렇게 글을 쓰며 잠시 행복해진다. 사소하지만 나를 미소 짓게 하는 이 시간을 소중히 여긴다. 당신도 오늘 사소한 행복으로 괜히 기분 좋아졌다면, 그 감정을 마음껏 느끼면 좋겠다. 어쩌면 그게 우리 모두가 매일 조금씩 더 행복하게 살아갈 수 있게 하는 연습일지도 모르니까.

인간관계에서
의외로 중요했던 7가지

살다 보면 '관계에서 이런 점이 생각보다 중요했구나'라는 후회가 될 때가 있다. 나에게는 다음의 7가지 깨달음이 인생의 전환점이 되었다.

1. ── 관계는 넓히는 게 아니라 잘 좁혀야 한다

많은 사람을 얕게 아는 것보다, 진심으로 소중히 여길 수 있는 관계가 필요하다. 진정한 관계는 양보다 질이다. 수많은 사람과의 관계는 스트레스로 이어질 때가 많다. 반면 깊이 있는 소수의 관계는 나에게 더 큰 행복과 지지를 준다. 관계를 좁히는 건 단순히 사람을 줄이는 게 아니라, 진짜 나와 맞닿아 있는 사람들과 깊은 유대감을 쌓는 과정이다.

2. ── 인사는 최고의 사교술이다

간단한 인사 하나로 마음의 문을 열 수 있다. 인사는 상대방에게 긍정적인 인상을 주고, 관계를 유지하는 데 중요한 역할을 한다. 인사에는 단순한 예의 이상의 의미가 있다. 매일 마주치는 동료, 이웃, 친구에게 꾸준히 인사하며 관계를 돈독히 하자. 인사는 돈이 들지 않는다. 인사는 가성비가 정말 좋다.

3. ── 배려도 체력이 없으면 못 한다

배려는 마음만으로는 안 된다. 체력적, 정신적 여유가 있어야 상대를 배려할 수 있다. 배려는 에너지가 필요한 행동이다. 내가 지치고 힘들 때는 남을 돌보는 게 쉽지 않다. 그래서 자신을 먼저 챙기는 게 남을 배려하는 첫걸음이다. 나를 챙기고, 충분히 쉬고, 내가 가진 에너지를 잘 관리할 때 비로소 진정한 배려가 가능해진다. 그러니, 남을 위한다면 나를 먼저 위해야 한다.

4. ── 너무 많은 기대는 실망을 부른다

알게 모르게 누군가에게 기대하게 되는 일이 많다. 그러다가 내가 기대한 것만큼 돌아오지 않으면 나도 모르게 실망을 하게 된다. 나 혼자 기대했다가 실망하고 상상했다가 분노하는 꼴이다. 애초에 나의 기대치가 너무 높았을지도 모른다. 나이가 들면서 타인에게 기대하지 않는 법을 배운다. 무언가를 베풀 때는 꼭 돌려받지 않아도 된다고 생각하고 베푼다. 타인의 마음은 내가 어떻게 할 수 있는 것이 아니다. 타인에게 친절하되 대가를 기대하지 말아야 한다. 그러면 실망할 일이 줄어들 것이다.

5. ── 호의가 반복되면 권리가 된다

작은 부탁을 들어주다 보면 큰 부탁을 하게 된다. 사람은 처음에는 미안해하다가 나중에는 당연한 듯 부탁을 하게 된다. 나의 호의가 반복되면 상대방의 권리가 되는 이상한 현상이다. 그러니 호의는 베풀되, 자신의 권리를 지키는 것도 중요하다. 특히 상대방의 무리한 부탁은 거절해야 한다. 물론, 상대가 기분 나쁘지 않게 잘 거절할 필요가 있다. 애매한 부탁은 아예 초기에 거절하는 것이 호의가 권리가 되는 것을 막을 수 있는 방법이 될 수 있다.

6. ── 소중한 사람 한두 명이 나를 살게 한다

많은 사람보다 진심으로 나를 이해하고 지지해 주는 소중한 사람 한두 명이 필요하다. 이런 사람들이 나를 살게 하고, 힘든 순간에도 버틸 수 있는 힘을 준다. 인생에서 진정으로 나를 지지해 주는 사람은 많지 않다. 주변에 그런 사람이 있다면 그 사람이 은인이다. 소중한 사람들을 더욱 소중히 여기고, 그들과의 관계를 더 깊게 유지해야 한다.

7. ── 혼자만의 시간은 꼭 필요하다

바쁜 일상 속에서도 혼자만의 시간은 필수다. 혼자만의 시간은 단순히 휴식 이상의 의미를 가진다. 이 시간은 나를 재충전시키고, 새로운 에너지를 얻게 해준다. 이 시간을 통해 나 자신을 돌아보고, 내면의 목소리를 들으며, 삶의 방향을 다시 점검할 수 있다. 매일 조금씩이라도 혼자만의 시간을 가지며 내면의 평화를 찾자. 이 시간이 없으면 지치고 무기력해질 수밖에 없다.

20대, 30대의 나는 이렇게 살지 못했다.

관계를 넓히려고만 노력했고, 인사의 중요성을 간과했으며 배려에 체력이 필요한 줄 몰랐다. 베풀며 자주 기대했고, 호의는 호의로 이어질 것이라고만 생각했다. 소중한 사람에게 집중하지 못했고, 일에 바빠 혼자만의 시간을 가지지 못해 내 안의 내가 괴로워하고 있는 것을 몰랐다.

40대가 된 지금은 다른 삶을 살려고 한다.

내가 늦게 깨달은 것들을 당신은 조금 더 일찍 알았으면 한다. 결국 삶은 관계로 채워지는 법이니까. 당신의 하루가 더 단단하고 따뜻해지기를 바란다.

진짜를 가진 사람은
조용하다

다니던 직장에 존경받는 상무님이 있었다. 성실하고, 일을 잘하며, 평판도 좋았다. 평소에는 조용하지만, 중요한 순간에는 강한 어조로 자신의 의견을 펼쳤다.

회사에서는 크고 작게 누군가를 비난하는 일이 많다. 하지만 단 한 번도 그분이 남을 험담하거나 비난하는 모습을 본 적이 없었다.

누구나 직장에서 적이 생기기 마련이다. 상무님도 주

변에서 크고 작은 모함과 비난을 받았을 것이다. 높은 자리에 있을수록 그런 일은 더 많아진다. 그럼에도 그분은 흔들림이 없었다. 누군가를 비난하지도 않았고, 그렇다고 자신의 주장을 꺾지도 않았다.

시간이 지나 내가 40대 중반이 되면서, 그때 상무님을 지켜주었던 것이 무엇인지 알게 됐다. 그분은 자신의 능력과 안목, 그리고 평판을 믿었다. 주변에서 뭐라고 하든, 자신이 진짜이기 때문에 흔들릴 필요가 없었던 것이다.

진짜를 가진 사람은 조용하다. 부자에게 돈이 없다고 놀리면 부자가 화를 낼까? 한 귀로 흘려 버리겠지. 축구 잘하는 친구에게 축구 못한다고 놀리면 화를 낼까? 웃어 넘기겠지. 전교 1등에게 공부를 못한다고 하면 그렇게 말하는 사람이 더 이상해 보이겠지.

진짜를 가진 사람은 아무리 가짜라고 조롱받아도 스스로 진짜임을 알기에 흔들리지 않는다. 그러니 중요한 건 내가 진짜를 가졌냐는 것이다.

　진짜를 가진 사람에게 다른 사람의 판단은 그리 중요하지 않다. 어쩌면 사회의 판단도 그렇게 중요하지 않을 것이다. 스스로 진짜임을 알기 때문이다.

　진짜를 가진 사람은 묵묵히 자신의 길을 간다. 주변의 소음은 신경 쓰지 않는다. 질투도, 모함도 걸림돌이 되지 않는다. 그저 자신에게 도움이 되는 조언만을 귀담아듣는다. 그리고 자신의 목소리를 듣는다.

　진짜를 가진다는 것, 그것은 흔들리지 않는 힘을 의미한다.
　진짜를 가진 사람은 조용하다.

여유는
통장에서 나온다

잠을 잘 잔 날, 컨디션이 좋은 날, 아프지 않은 날 나는 주변에 친절한 사람이 된다. 잠을 잘 못 잔 날, 몸이 찌뿌둥한 날, 아픈 곳이 있는 날 나는 주변에 불친절한 사람이 된다. 다정함은 체력에서 온다.

내 통장 잔고가 충분한 날, 나는 베푸는 사람이 된다. 주식 하락도 버틸 수 있다. 내 통장 잔고가 빠듯한 날, 나는 눈치 보는 사람이 된다. 조금의 주식 하락도 버틸 수 없다. 여유는 통장에서 온다.

내게 꿈이 없는 날, 반복된 노동은 나를 힘들고 지치게 했다. 내게 꿈이 생긴 날, 반복된 노동은 나에게 미래를 준비하는 신성한 시간이 되었다. 버티는 힘은 꿈에서 온다.

다정한 사람이 되기 위해서는 체력을 길러야 하고, 여유 있는 사람이 되기 위해서는 통장이 두둑해야 한다. 힘든 삶을 버티는 사람이 되기 위해서는 꿈을 가져야 한다. 체력과 통장 잔고, 꿈이 있는 삶은 쉽게 무너지지 않는다.

감정 기복은
체력의 문제다

 감정 기복이 심한 상사 밑에서 일한 적이 있었다. 그는 어떤 날은 기분이 좋았고, 어떤 날은 기분이 나빴다. 오전에는 괜찮다가 오후에는 날카로워지기도 했다. 그의 기분을 종잡을 수 없어 회의나 결재 요청을 앞두고 늘 신경을 곤두세웠다. 상사가 기분이 좋을 때 결재를 받아야 했고, 기분이 나쁠 때는 피해야 했으니 말이다.

 그런데 몇 년을 함께하다 보니 패턴이 보이기 시작했다. 전날 과음을 했을 때는 다음 날 오전에 기분이 나빴다. 오전에 힘든 회의를 연달아 치렀을 때는 오후에 예민해졌다. 바쁜 주말을 보낸 뒤에는 월요일에 날카로웠고, 편하게 쉬었을 때는 월요일이 한결 부드러웠다.

상사의 감정 기복은 결국 체력의 문제였다. 체력이 떨어진 날은 주변을 힘들게 했고, 좋은 날은 유하게 대했다. 감정을 안정적으로 유지하려면 체력을 관리해야 한다. 피곤하거나 스트레스가 쌓이면 감정도 쉽게 흔들린다. 충분한 휴식과 관리가 부족하면 예민해지고, 그 감정은 결국 주변에도 영향을 미친다.

감정을 평온하게 유지하고 싶다면 먼저 체력을 챙기는 것부터 시작해야 한다. 감정을 잘 유지하는 사람은 곧 자신의 체력을 잘 관리하는 사람이다.

만나고 싶은 친구,
만나기 싫은 친구

고등학교 때 친했던 두 친구가 있다. 3학년 때 같은 반이었고, 이후 대학도 함께 서울로 가면서 젊은 시절을 함께 보냈다. 40대가 된 지금은 예전만큼 자주 만나지는 않지만, 명절마다 꼭 얼굴을 보는 친구들이다.

A라는 친구는 매사에 부정적이다. 2007년 내가 취업했을 때 "요즘 대기업 별것 없다"고 했다. 2012년 내가 결혼했을 때는 "성급하다"고 했고, 2015년 내가 집을 샀

을 때는 "요즘 누가 집을 사냐"며 나를 나무랐다.

반면 B라는 친구는 사소한 것에도 긍정적이다. 내가 여행을 간다고 하면 부러워하고, 살을 뺐다고 하면 비결을 궁금해하고, 꿈을 이야기하면 멋있다고, 할 수 있다고 말해주는 친구다.

A를 만나고 나면 기분이 나빠지고, B를 만나고 나면 기분이 좋아졌다. 그런 날들의 반복이 이어졌다.

요즘 나는 A와는 조금씩 연락을 끊고, B와는 연락을 이어가고 있다. A와 같은 부정적인 지인들과는 점점 거리를 두게 되고, B와 같은 긍정적인 지인들과는 더욱 자주 만나고 있다.

왜 그렇게 되었을까? 나이가 들수록 에너지가 떨어져 나와 다른 것을 참아낼 여유가 없어졌기 때문인 듯하다. 나이가 들면 태어난 환경보다 '결'이 맞는 사람을 만나게 된다. 내가 좋은 결을 가지고 있으면, 자연스럽게 좋은 결을 가진 사람을 만나는 것이 편하다. 반대로 내가 남의 험담을 즐기고 뒷말을 즐기면, 내 곁에는 같은 방식으로 남을 험담하는 사람이 남는다.

결국 사람은 자신이 가진 '결'에 따라 인연을 만들어 간다. 내가 어떤 삶을 살고 싶은가. 어떤 사람과 함께하고 싶은가. 그 답은 나에게 달려 있다.

재능도, 열정도
부족하다면

　재능으로 승부하려니 나보다 뛰어난 사람이 얼마든지 있었다. 내가 아무리 노력해도 이미 타고난 재능을 가진 사람들은 나보다 앞서 있었다. 그들과 경쟁하려면 작아지는 기분이었다. 노력해도 도달할 수 없는 벽이 있었다.

　열정으로 승부하려니 그것도 믿을 수가 없었다. 열정은 처음엔 불타오르듯 강렬했지만, 시간이 흐르면 조금씩 식어갔다. 어제까지 그토록 뜨거웠던 마음이 갑자기 식어버린 날도 있었다. 매 순간 끓어오르는 열정을 유지하기란 불가능하다는 걸 깨달았다. 순간적인 에너지는 대단했지만, 오래가지 않을 때가 많았다.

결국 내가 의지할 수 있는 것은 하나였다. 그것은 바로 끈기.

재능이 부족해도 끈기가 있으면 계속해서 버틸 수 있었다. 열정이 식어도 끈기가 있으면 다시 시작할 수 있었다. 많은 사람이 포기하는 그 순간에도 끝까지 남아 있는 힘. 마지막까지 붙잡고 계속 나아가는 힘. 내가 믿을 수 있는 것은 바로 끈기였다.

주변을 돌아보면, 무언가를 이루는 사람들은 모두 끈기 있는 사람들이었다. 타고난 재능도 있었고, 불타오르는 열정도 있었겠지만, 결국 마지막까지 남아 있게 해주는 힘은 끈기였다.

누군가는 포기하고 떠났다. 누군가는 재능이 부족하

다고 자책하며 중간에 길을 바꿨다. 누군가는 열정이 식자 모든 걸 내려놓았다. 하지만 끈기 있는 사람은 그대로 그 자리에 남아 있었다. 힘들어도 버티면서 계속 밀고 나갔다. 느리더라도 한 걸음씩 나아갔다. 그리고 결국에는 자신이 원하는 것을 얻었다.

재능도, 열정도 어느 날 나를 떠날지 모른다. 하지만 끈기는 나를 끝까지 지켜줄 것이다. 그 믿음을 가지고 오늘도 해야 할 것을 묵묵히 해나간다.

너희가 행복해 보여서
그걸로 좋아

　사회초년생 시절, 오랜 친구들과 함께 모여 이런저런 이야기를 나누었다. 나는 취업한 지 몇 개월이 지나 생애 첫 차를 살 고민을 하고 있었고, 다른 친구도 취업 후 첫 해외 여행을 계획하고 있었다.
　우리는 신나게 차와 여행 이야기를 이어갔고, 친구 하나는 대화를 듣고만 있었다.
　그러다 문득 깨달았다. 그 친구는 몇 년째 공무원 시험을 준비하고 있었다. 그런 친구 앞에서 나는 차나 해외 여행 이야기만 늘어놓고 있었던 것이다. 갑자기 미안한 마음이 들었다.

　서둘러 말을 멈추고, 화제를 돌렸다.
　"아, 미안. 너무 내 이야기만 했네. 너는 요즘 어떻게 지내?"
　그러자 친구가 웃으며 말했다.
　"아냐. 나는 차도 잘 모르고 여행도 못 가지만, 너희가 행복해 보여서 그걸로 충분히 좋아."

　그 말을 듣는 순간 나는 배려가 무엇인지 깨달았다. 대화의 내용이 아니라 대화하는 사람이 좋기 때문에 대화를 좋아할 수 있다는 것. 상대가 행복해 보이는 것만으로도 자신도 행복할 수 있다는 것.

　10년이 지난 지금도 나는 그 친구의 말을 기억하며 살아간다. 내가 잘 모르는 이야기라도, 그 대화를 즐거워하는 사람이 있다면 나도 기분 좋게 들어주려고 노력한다.

진정한 배려는 화제를 존중하는 것이 아니라, 화자를 존중하는 것이니까.

나와의 약속, 타인과의 약속

 약속에는 두 가지 종류가 있다. 하나는 나와의 약속이고, 나머지 하나는 타인과의 약속이다. 그런데 만약 둘 중 하나밖에 지킬 수 없는 상황이 된다면 무엇을 먼저 지켜야 할까?

 젊었을 땐 타인과의 약속을 먼저 지켰다. 나와의 약속은 늘 나중으로 미뤄졌고, 그게 당연하다고 여겼다.
 그럴 수밖에 없었다. 당장 눈앞에서 누군가를 실망시

키는 게 더 큰일 같았고, 나와의 약속은 깨도 아무도 뭐라고 하지 않았으니까. 운동을 하기로 해놓고 친구가 만나자고 하면 친구를 택했고, 퇴근 후 스터디를 가려 했는데 상사가 부르면 스터디는 미루고 상사와 시간을 보냈다. 그렇게 나는 늘 다른 사람의 시간을 먼저 챙겼고, 나의 시간은 점점 작아졌다.

그런데 나이가 들면서 생각이 조금씩 바뀌기 시작했다. 나와의 약속을 너무 쉽게 어기다 보니, 스스로에 대한 믿음이 희미해졌다. 어쩌면 나는 타인에게 인정을 받으려 애써온 시간 동안 나 자신과는 멀어지고 있었던 건 아닐까?

물론 약속이 겹치지 않으면 가장 좋지만, 현실은 그렇지 않다. 종종 중요한 선택의 순간이 찾아오고, 그때 어떤 약속에 시간을 먼저 내어줄지 고민하게 된다. 그럴 때마다 내가 어떤 선택을 하느냐가 나를 만들어간다. 반복된 선택이 곧 나의 기준이 되고, 내 삶의 방향이 된다.

타인과의 약속도 분명 중요하다. 그러나 나와의 약속을 가볍게 여기지 않아야 한다. 내가 나를 믿지 못하면, 어떤 관계 안에서도 흔들릴 수밖에 없다. 눈에 보이지 않을지라도 한번 한 약속을 지켜나가는 힘이 나를 지탱해주는 힘이 된다. 나와의 약속을 존중하는 법을 익히는 건 결국 나를 존중하는 연습이기도 하다.

나이 들어 못하는 건
키즈 모델뿐

세상에 늦은 건 없다. 지금이 가장 빠른 때다. 온라인에서 이런 글을 본 적 있다.

"나이 들어서 못 하는 건 키즈 모델뿐이다."

재치 있고 공감되는 말이었다.

살다 보면 '너무 늦었어'라는 생각이 들 때가 많다. 하지만 내 경험을 돌이켜보면, 늦었다고 생각될 때 시작하는 게 가장 빠른 길이었다. 망설이다 보면 더 늦어지고,

아무것도 하지 못하게 된다. 진정으로 원하는 건 결국 해야 하는 게 사람이다. 그러니 아주 늦게 시작하거나 나이 들어 후회만 하면서 사는 것이다.

나는 42살에 작가가 되었고, 44살에는 유튜버가 되었다. 올해는 AI를 활용한 쇼츠도 만들고 있다. 내년에는 무엇을 하고 있을까? 앞으로도 하고 싶은 게 있다면 나이에 상관없이 할 것이다(물론, 키즈 모델 빼고). 내 인생이니까. 내 인생을 대신 살아줄 사람은 없으니까.

후회 없는 인생을 사는 하나의 방법은 '지금' 시작하는 것이다. 주저할수록 시간은 더 빨리 지나가고, 결국 무언가 할 수 있는 기회는 점점 줄어든다. 그러니 늦었다고 생각하지 말자. 원하는 것이 있다면, 지금 바로 시작해야 한다.

모두가 가장
부러워하는 친구

어릴 땐 좋은 직장에 다니고, 예쁜 애인을 만나고, 높은 연봉을 받는 친구들이 부러웠다. 그런 걸 갖고 있는 친구들이 멋져 보였고, 나도 그런 삶을 살고 싶었다. 그게 성공이고, 안정이고, 좋은 인생이라고 생각했다.

그런데 마흔을 넘기고 나니 부러움의 기준이 달라졌다. 이제는 친구들을 만나도 누가 얼마나 벌고 어디 다니는지보다 자기 일에 얼마나 즐거워하는지가 더 눈에 들어온다. 요즘 제일 부러운 친구는 자기가 좋아하는 일을 하며 사는 친구다.

좋아하는 일을 하는 친구는 표정부터 다르다. 말투도 편안하고, 모임 중간중간에 흘러나오는 이야기들도 다르다. 자기는 일하는 게 아니라 노는 거라고 말하는 그 친구의 미소가 좋아 보인다.

물론 이런 말도 있다. 좋아하는 일을 한다고 성공하는 건 아니라는 말, 좋아하는 일로는 돈이 안 된다는 말. 그런데 가만히 생각해 보면, 싫어하는 일을 한다고 해서 성공하는 것도 아니고, 싫어하는 일이라고 해서 돈이 잘 벌리는 것도 아니다. 어차피 확신할 수 없는 인생이라면, 내가 좋아하는 일을 하면서 살아가는 쪽이 더 낫지 않을까?

요즘은 월 천, 월 억을 버는 친구가 그다지 부럽지 않다. 그런 친구들은 보통 노동 강도가 높은 일을 하고, 그

만큼 마음의 여유가 없다. 하지만 자기가 좋아하는 일을 놀이처럼 하며 살아가는 친구는 진심으로 부럽다. 그 친구는 일상이 고되고 바쁜 와중에도 웃음을 잃지 않고, 삶을 스스로 이끌고 있었다.

가장 성공한 인생은 가장 많은 돈을 버는 인생이 아니라 가장 즐거운 인생이 아닐까? 가장 좋아하는 일을 하면서 인생을 살아가는 삶을 준비해 본다.

운이 좋은 사람은
사실 버텨낸 사람이다

살다 보면 '이제 그만둘까…' 싶은 순간이 온다.

노력은 했지만 성과는 미미하고, 주변 사람들은 하나둘씩 떠나간다. 나만 바보처럼 남아 있는 것 같고, 내 선택이 틀린 건 아닐까 불안하다. 이런 순간이 반복되면, 결국 포기하고 싶어진다. 하지만 이상하게도 그런 순간 바로 뒤에 기회가 찾아오는 경우가 많다.

실력은 기본이다. 누구든 일정 수준 이상의 능력을 갖추기 위해 노력해야 한다. 하지만 정말 중요한 건 그

능력을 쓸 수 있는 '타이밍'이다. 타이밍은 대부분 갑작스럽게, 예고 없이 찾아온다. 그리고 그 타이밍은 남아 있는 사람에게만 허락된다. 이미 떠난 사람에게는 그 기회조차 오지 않는다.

우리는 종종 '운 좋은 사람'을 부러워한다. 하지만 가까이서 보면 그 운은 단순한 우연이 아니다. 대개는 남들이 포기할 때까지 묵묵히 자리를 지킨 사람, 아무도 관심 없을 때도 자기 일을 해온 사람, 흔들려도 멈추지 않은 사람에게 찾아온다. 그들은 버텼고, 그래서 기회를 얻을 자격이 있었다.

세상은 조용히 견딘 사람에게 보상을 준다. 화려하게 등장하는 사람보다 조용히 오래 남는 사람이 중심이 된다. 어느 분야든, 어느 일이든 끝까지 버틴 사람이 결국 이름을 남긴다. 버틴다는 건 그냥 참고 있는 게 아니다. 무너져도 다시 일어나는 것, 눈물 흘려도 방향은 잃지 않는 것, 속이 타도 중심을 유지하는 것이다.

그러니 기억하자. 힘들수록, 포기하고 싶을수록, 더 오래 버텨야 한다. 기회는 늘 가장 힘든 고비를 넘긴 바로 그다음 코너에서 나를 기다리고 있다. 운은 결국 남아 있는 사람의 몫이다.

저는 사람을 만나면
피곤해져요

모임을 하면 MBTI 이야기가 종종 나온다. 특히, E형(외향형)과 I형(내향형) 사람의 차이는 언제나 흥미롭다.

나는 E형은 사람과 대화하면서 스트레스를 풀고, I형은 혼자 시간을 보내면서 스트레스를 푼다고 생각한다. 예를 들어, 나는 I형이라서 혼자만의 시간이 있어야 진정한 휴식이고, 아내는 E형이라서 사람을 만나야 마음이 편해진다(물론 대부분의 사람들은 E와 I가 섞여 있다).

중요한 것은 내가 어떤 타입인지 정확히 아는 것이다. I형인데 사람을 만나며 스트레스를 풀려 하면 오히려 지치고 힘들어진다. 반대로 E형인데 혼자 있는 시간을 늘리려 하면 나도 모르게 답답함을 느끼게 된다.

나는 직장 생활할 때 가장 힘든 것이 낯선 사람을 만나 친해지는 것, 그리고 저녁 회식이었다. 지금 와서 생각해 보면, I형이라서 유독 더 힘들게 느껴졌던 것 같다.

여기에 더해 주말에도 혼자의 시간을 가지지 못하면 평일 출근 후 몸도 마음도 더 지쳐갔다.

'나는 왜 이러지? 왜 적응을 잘 못하는 걸까?'

수차례 자책했지만, 그건 그냥 나의 성향이었다. 내가 나를 이해하는 순간 비로소 더 편안해질 수 있었다.

자신에게 맞는 휴식 시간을 가지는 것이 필요하다. 자신을 이해하면, 삶이 조금 더 쉬워진다.

당신은 자신과
사귀고 싶나요?

누군가 나에게 이런 질문을 한 적이 있다. "당신은 자신과 사귀고 싶나요?"

내가 성별이 바뀌었다고 생각하거나, 혹은 꼭 사랑이 아니라 우정으로도 생각해 보라고 했다.

그렇게 생각하니 나의 단점이 보이기 시작했다. 나에게 분명 장점들이 있겠지만, 이런저런 단점이 떠올라 별로 사귀고 싶지 않다는 생각이 들었다. 그 단점을 없애고 싶어졌다. 그러면서 나는 조금씩 변하기 시작했다. 그러다 보니 평생 동안 고쳐지지 않던 습관도 일부 고치게 되었다.

'자신과 사귀고 싶은지'라는 질문은 스스로를 객관적으로, 혹은 대상화하여 바라볼 수 있는 좋은 방법이다. 내가 나이기 때문에 받는 호의와 당연함을 걷어내고 자신을 바라볼 때, 나 자신의 부족한 점을 냉정하고 정확하게 볼 수 있었다.

당신은 어떤가? 당신은 당신 자신과 사귀고 싶은가? 그렇지 않다면 이유는 무엇인가? 이 질문에 진지하게 답하게 되면 변화가 찾아올 것이다.

다정도
지능이다

드라마 「사랑의 이해」에 이런 대사가 나온다.

"나는 다정도 지능으로 보거든, 상대를 안심시키는 반듯함 같은 거."

사람은 처음부터 다정하게 태어나지 않는다. 막 태어난 아이는 타인을 배려하지 않는다. 다정은 배우고 익혀야 하는 지능이다. 성장하며 다정이라는 지능을 키워야 하고, 매일 다정하기 위해서는 노력이 필요하다.

누군가 나에게 다정하다면, 그는 다정하려고 노력하는 사람이다. 누군가 나를 배려한다면, 그 사람은 나를 배려하려고 노력하는 사람이다. 다정과 배려에는 언제나 누군가의 정성이 담겨 있다.

타인의 다정함을 쉽게 지나치지 말아야 한다. 타인의 배려를 쉽게 지나치지 말아야 한다. 나를 위해 누군가 준비한 다정과 배려를 알아차리고 감사할 수 있을 때, 나도 다정한 사람이 될 수 있고 다정을 베푼 사람을 내 사람으로 만들 수 있다.

다른 사람을 행복하게 하고 세상을 행복하게 만드는 것은 의미 있는 일이다. 나의 다정함이 상대를 행복하게 만들고 그 다정이 다시 내게 돌아와 나를 행복하게 만든다. 그렇기에 다정은 정말 멋진 지능이다.

혼자임을
견디지 못하는 사람

친구의 어머니가 돌아가시면서 친구는 홀로 남은 아버지를 모시게 되었다. 어느 날 친구를 만났는데, 그는 이런 고민을 털어놓았다.

"혼자인 것을 견디지 못하는 사람과 함께 사는 것은 정말 힘든 일이야."

"응? 그게 무슨 뜻이야?"

"아버지는 평생 어머니가 곁에 계셨잖아. 아버지는 요리도, 청소도, 빨래도 못 하시고, 무엇보다 혼자서 시간을 보낼 줄 모르셔. 하루 종일 멍하니 앉아 계시다가, 내가 회사에서 돌아오면 기다렸다는 듯이 무언가를 해주기를 바라셔."

혼자인 것을 견디지 못하는 사람이 있다. 혼자서는 아무것도 하지 못하는 사람이 있다. 혼자 식당도 못 가고, 영화도 못 보고, 여행도 못 가는 사람이 있다.

이런 삶의 방식이 젊을 때는 괜찮을지 몰라도, 나이가 들면 주변 사람을 힘들게 할 수 있다. 혼자임을 견디지 못하는 사람은 주변에 부담을 준다. 그렇게 조금씩 가까운 관계를 잃어가고, 결국 남은 사람에게 더 의존하게 된다.

건강하게 나이 든다는 것은 혼자서도 충분히 괜찮은 사람이 되는 것을 의미한다. 혼자서도 충분히 괜찮은 사람은 오히려 남들에게도 더 매력적인 사람이 된다. 그리고 그런 사람이 더 좋은 관계를 맺는다.

도망쳐서 도착한 곳에
낙원이 있을까?

"도망쳐서 도착한 곳에 낙원이란 없는 거야."
「베르세르크」라는 만화에서 나온 명대사다.

어떤 문제가 있을 때 단순히 환경만 바꾼다고 해결되지는 않는다는 뜻이다. 현실에서는 어떻게든 버티면서 이겨내는 것이 더 나은 선택일지도 모른다.

하지만 버틸 수 없는 환경도 있다. 버틸 수 없는 사람도 있다. 도망치는 사람이 낙원을 기대하는 것은 아닐

것이다. 그저 지금 있는 이곳이 너무 지옥 같아서 떠나는 것뿐이다.

아버지의 폭력에 시달리던 한 여자아이가 있었다. 그녀는 아버지에게서 벗어나기 위해 모든 것을 버리고 캐나다로 떠났다. 아무것도 없이 시작했고, 처음에는 한국에서처럼 힘들었을 것이다. 하지만 지금은 가정을 꾸리고, 안정적으로 정착해 행복한 날들을 보내고 있다. 그녀는 도망친 곳에서 낙원을 찾았다. 내가 캐나다에서 알게 된 지인의 이야기다.

드라마 「미지의 서울」에서 미지의 할머니는 실패 후 숨어 있는 미지에게 이렇게 말해준다.

"사슴이 사자 피해 도망치면 쓰레기야? 소라게가 잡아먹힐까 봐 숨으면 겁쟁이야? 다 살려고 싸우는 거잖아. 미지도 살려고 숨은 거야. 암만 모양 빠지고 추저분해 보여도, 살려고 하는 짓은 다 용감한 거야!"

도망치는 것 자체가 생존인 사람도 있다. 환경이 바뀌면 삶이 바뀌는 사람도 있다. 그렇게 보면 세상의 모든 사람에게 꼭 들어맞는 말이란 없는 것 같다.

다시 배움을 선택한 용기

마흔이 넘어서 일본어를 배우기 시작한 지인이 있다. 처음엔 그냥 재미있어 보여서 시작했다고 했다. 막상 시작해 보니 학원에 등록하고 단어장을 만들어 외우는 게 마치 학창 시절로 돌아간 것 같아 설렜다고 한다. 무엇을 하겠다는 목표도 없었다. 그저 어느 날 문득, 일본어를 배워보고 싶었다는 것이다.

그런데 그 작은 시작이 인생을 바꾸게 될 줄은 아무도 몰랐다. 친구는 늦게 시작한 일본어로 통번역 대학원에 진학하고, 박사까지 마치더니 지금은 대학에서 학생들을 가르치고 있다. 취미로 시작했던 일이 직업이 되었고, 삶의 방향까지 바꿔놓았다.

누가 마흔에 인생이 바뀔 줄 알았을까. 보통은 나이를 핑계 삼아 포기하고, 변화보다는 익숙한 하루를 선택하기 마련이다. 하지만 그는 그런 선택을 하지 않았다. 나이가 아니라 '하고 싶다'는 마음 하나로 다시 공부한 덕분에 결국 새로운 길 위에 서게 되었고 지금도 그 길을 걸어가고 있다.

중요한 건 나이가 아니다. 시작하는 용기, 매일 조금씩 이어가는 꾸준함, 그리고 그 안에서 스스로에게 설레는 마음이 더 중요하다. 사람들은 종종 너무 늦었다고 말하지만, 시작하기 전까지는 누구도 알 수 없다.

그 모습을 보며 나도 다시 믿게 되었다. 인생은 언제든 다시 쓸 수 있고, 바꾸고 싶은 마음이 있다면 지금도 충분하다는 걸. 결국 우리의 삶을 바꾸는 건 나이보다 '지금 당장 시작하는 마음'이라는 걸. 시작하기에 늦은 날이란 없다는 걸.

3부

인생이 망했다고 느낄 때

뒤에서 욕하는 사람들
신경 쓸 필요 없는 이유

직장 생활을 하다 보면 근거 없는 소문이나 뒷담화에 시달릴 때가 있다. 직장은 일을 하는 곳인데 뒤에 숨어 혀를 낼름거리는 사람들이 싫었고, 때로는 미웠다.

권투선수 바실 로마첸코는 이런 말을 했다.
"뒤에서 널 욕하는 사람들 신경 쓰지 마라. 그것이 그들이 너보다 뒤에 있는 이유다."

생각해 보면, 사원일 때는 나에 대한 소문이나 뒷담화가 거의 없었다. 그런데 과장, 차장이 되면서 그런 말들이 많아졌다. 회사의 핵심 부서에 가까워질수록 소문과 뒷담화는 더 심해졌다.

왜 그랬을까? 과거에는 뒤에 있었던 내가, 이제는 앞에 있기 때문이다. 뒤에 있는 사람들은 그런 비방을 통해서 어떻게든 나를 끌어내리고 싶었던 것이다.

살다 보면 사람들이 내 뒷담화를 하고 있다는 사실을 알게 되기도 한다. 쉽지는 않겠지만 그럴 때는 이렇게 생각해 보자.

그들이 나를 욕하는 것은 그들이 뒤에 있기 때문이고, 내가 해야 할 일은 뒤를 돌아보는 것이 아니라 앞을 향해 나아가는 것뿐이라고. 나는 내가 가야 할 길을 그저 묵묵하게 걸어가면 된다고.

내 마음이 지옥이면
세상도 지옥으로 보인다

내 마음이 곧 내가 세상을 보는 방식이다.

과거 진급에 떨어지고 일이 많아 스트레스가 쌓였을 때, 동료들이 좋은 기회를 얻으면 마음이 불편했다. 그들의 성공이 나와 비교되면서 괜히 신경 쓰이고, 질투와 불만이 차올랐다. 그때는 모든 것이 불공평하게 느껴졌고, 세상이 각박해 보였다.

하지만 내 일이 잘 풀리고 원하는 승진도 이루어졌을 때, 똑같은 상황에서 내 마음은 다르게 반응했다. 동료들이 좋은 기회를 얻으면 진심으로 축하해 줄 수 있었다. 그들의 성장에 박수를 보내는 게 어렵지 않았다. 그때는 세상이 한층 따뜻하고, 모든 것이 자연스럽게 흘러가는 것처럼 느껴졌다.

결국, 내 마음의 상태가 내가 바라보는 세상의 모습을 결정한다. 각박한 마음으로 살아가면 세상도 불친절하게 느껴지고, 후한 마음으로 살아가면 세상도 따뜻하게 다가온다.

물론, 내가 언제나 좋은 상황에 있을 수 없다. 하지만 어떤 상황이든 내가 어떤 마음을 가지느냐는 결국 내 선택이다. 가장 중요한 것은 내 마음을 잘 다스리는 것이다. 세상을 바라보는 방식이 달라지면 살아가는 방식도 자연스럽게 달라진다.

내 마음이 지옥이면 세상도 지옥으로 보이고, 내 마음이 천국이면 세상도 천국으로 보인다.

인생이
망했다고 느낄 때

온라인에서 누군가 쓴 글을 읽고 한참 동안 생각에 잠긴 적이 있다. "무대에서 멈춰 있는 동작, 기다리는 것도 춤이에요." 짧은 문장이었지만, 그 말이 묘하게 오래 남았고 나를 조용히 붙잡아 두었다. 멈추는 것도 하나의 동작이고, 기다리는 것도 흐름이라는 말이 낯설지 않게 다가왔다.

바쁘게 흘러가는 세상 속에서 우리는 늘 움직여야 한다고 배운다. 잠깐이라도 멈추면 뒤처지는 것 같고, 남들이 정해둔 길에서 벗어나면 실패자처럼 느껴질 때도 있다. 조금만 느려도 스스로를 의심하게 되고, 남들과 비교하며 괜히 초조해진다. 그래서 멈추는 시간을 두려워하게 된다.

하지만 무대 위에서 멈춰 있는 순간도 춤이 되듯, 인생도 그렇지 않을까? 당장 움직이지 않아도, 조용히 호흡을 고르는 시간도 분명 필요하다. 쉬는 시간, 생각하는 시간, 방향을 다시 살피는 시간도 삶의 일부다.

다른 사람이 빠르게 나아간다고 해서 나도 반드시 그래야 하는 건 아니다. 나만 느리게 가는 것 같아도, 그게 나에게 맞는 속도일 수 있다. 중요한 건 얼마나 빠르냐가 아니라, 얼마나 나다운 흐름으로 가고 있느냐 하는 것이다. 그걸 인정하고 받아들일 수 있어야 비로소 삶이 편안해진다.

남들과 다른 스텝, 남들과 다른 박자가 때로는 더 멋

진 춤이 되기도 한다. 무대 위에서 누구와도 겹치지 않는 동작이 눈길을 끌듯, 인생도 그럴 수 있다. 내가 걷는 길이 남들과 달라 보일지라도 그 안에는 나만의 리듬이 있다.

우리는 각자의 춤을 추고 있다. 누군가의 박자를 흉내 낼 필요도 없고, 누군가의 속도에 맞출 이유도 없다. 중요한 건 얼마나 자연스럽게, 얼마나 즐겁게, 얼마나 나답게 그 춤을 추고 있는가다.

진짜 어른이 함부로
하지 않는 3가지

지금까지 내가 만난 진짜 어른은 다음과 같은 3가지 특징이 있었다.

1. ── 자랑을 함부로 하지 않는다

자랑은 나를 돋보이게 하려는 행동이지만, 정작 잘되는 사람은 굳이 말하지 않아도 주변이 알아본다. 자랑은 나를 시기할 적을 스스로 만드는 일이기도 하다. 진짜 친한 사람이 아니고서는 이런저런 자랑을 늘어놓지 않는 것이 좋다. 평소에도 겸손한 자세를 유지하는 것이 나를 더 단단하게 만든다.

2. ── 약속을 함부로 하지 않는다

말은 곧 신용이다. 지킬 수 없는 약속은 애초에 하지 않는 것이 낫다. 자신의 시간이 소중한 만큼 타인의 시간도 소중하다는 것을 아는 사람이 진짜 어른이다. 말을 아끼고, 약속을 신중하게 하는 사람이 주변의 신뢰를 받는 사람이 된다.

3. ── 비난을 함부로 하지 않는다

비난은 내 안의 불편함을 밖으로 던지는 행위인 경우가 많다. 누구든 자기 사정이 있고, 겉으로 드러난 모습이 전부가 아닐 수 있다. 그래서 진짜 어른이라면 속으로 생각은 하더라도 입밖으로 함부로 내뱉지 않는다. 감정을 잘 다스리는 사람, 말보다 행동으로 보여주는 사람이 결국 신뢰를 쌓아간다.

조용히 강한 사람이 되어야 한다. 겉만 요란한 빈수레가 아니라, 속이 꽉 찬 조용한 수레가 되어야 한다. 나는 그렇게 조용히, 그러나 묵묵히 나라는 수레를 채워나갈 것이다.

돈을 벌어야 하는 진짜 이유

어릴 땐 돈을 벌어야 하는 이유가 단순했다. 맛있는 걸 사 먹고, 예쁜 옷을 사고, 나중에 좋은 집을 사기 위해서였다. 무언가 갖기 위해서였고, 무언가 채우기 위해서였다. 돈은 곧 물건이었고, 소유를 위한 도구였다.

누군가에게 보여주기 위해서 돈이 필요하다고 생각했다. 내가 잘 살고 있다는 걸 증명하고 싶었다. 나를 내세우기 위한 수단이었고, 존재감을 드러내는 방식이었다. 그렇게 어린 마음은 누군가에게 인정받으려 애썼다.

하지만 나이가 들수록 돈의 쓰임은 조금씩 달라졌다. 이제는 내가 나를 지키기 위해서, 싫은 사람을 안 보고 살기 위해서 돈이 필요하다. 좋아하는 일을 하기 위해서, 가족과 시간을 더 보내기 위해서 돈을 쓴다. 조금씩 돈이 필요한 이유의 방향이 바깥이 아니라 안쪽을 향하고 있다.

소유는 점점 줄고, 취향은 늘어난다. 보여주기보다 숨기고 싶은 게 많아지고, 허세보다 여유가 더 중요해진다. 돈을 쓰는 목적이 달라졌고, 쓰는 방식도 달라졌다. 가끔은 덜 쓰는 쪽이 오히려 풍요롭게 느껴진다.

물론 돈은 여전히 중요하다. 다만 중요한 이유가 달라졌을 뿐이다.

좋아하는 삶을 살기 위해서, 내 곁에 있는 사람들과 잘 지내기 위해서, 나를 나답게 지키기 위해서, 내가 내 취향을 지켜내기 위해서 돈이 필요하다는 걸 이제는 안다. 그걸 알아가는 시간이 나를 조금씩 바꾸고 있다.

그냥 한다

무언가를 할 때 자주 생각하는 말이다. "그냥 한다."

꼭 잘하려고 애쓰지 않는다. 완벽히 준비되지 않아도 괜찮다. 딱 맞는 타이밍이 아니어도 괜찮다. 웬만하면 그냥 한다. 일단 부딪히고 나서 생각한다. 그대로 갈지, 다르게 해볼지. 계속할지, 멈출지. 그때그때 수정해 가면서 나아간다.

무언가를 할까 말까 고민하는 데도 에너지가 든다. 더 잘하려고, 완벽하게 준비하려고, 적절한 순간을 기다리려고 끊임없이 에너지를 소모한다. 그런데 그런 고민에 에너지를 너무 쏟다 보면 정작 실행할 에너지가 남지 않게 된다. 고민만 하다가 지쳐 쓰러져 정작 시작하지 못한다.

그러니 조금은 가볍게 시작해 보자. 꼭 잘할 필요 없다. 준비가 덜 되어도 괜찮다. 완벽한 타이밍 같은 건 없다. 일단 해보고 알아가자. 처음부터 대단한 일을 하려고 하지 말자. 작은 일을 쉽게 시작하고, 그것을 반복하다 보면 어느새 대단한 무언가가 만들어진다. 그러니, 그냥 한다.

적게 만나도
괜찮은 나이

살다 보면 과거의 친구들과는 조금씩 멀어지게 된다. 가끔 그 많았던 친구들이 다 어디에 있는지, 잘 살고 있는지 궁금하다. 내가 관계를 잘 유지하지 못하는 것 같다는 자책이 들기도 한다.

하지만 나이가 들수록 친구들과 멀어지는 것은 자연스러운 일이다. 친구가 없어지는 것이 아니라 친구가 필요 없어지는 것이다. 사회성이 없어서 친구가 없을 수도 있지만, 이런 생각을 지닌 사람들도 친구가 없다.

내가 나와 친해야 한다.
가족이 제일 중요하다.
내 일이 제일 중요하다.

내가 나와 친하면 나와의 시간이 가장 중요해진다. 그래서 친구를 만날 시간에 나와의 시간을 더 보내게 된다. 가족이 제일 중요한 사람은 결혼을 하고 아이를 가지면 가정이 최우선이 된다. 모든 일에서 가족이 1순위가 된다. 내 일이 정말 중요한 사람은 자기 일에 몰입한다. 사람을 만나도 과거의 친구보다 업무 관계인 사람이 우선이 된다.

어른이 된다는 것은 삶의 우선순위를 재조정하는 일이다. 나이가 들수록 꼭 많은 사람들에게 둘러싸이지 않아도 괜찮아야 한다. 과거의 인연을 모두 지키며 살 필요도 없다. 나에게 소중한 것들을 지키며 조용하고 단단하게 살아가면 된다.

여유로운 사람은
남을 공격하지 않는다

매사에 공격적인 사람들이 있다. 누군가 실수하기만을 기다리는 사람들이 있다. 온라인 댓글로 매일 누군가를 비난하는 사람들이 있다. 그들은 왜 그럴까?

진짜 여유로운 사람은 남을 공격하지 않는다. 자신의 삶에 만족하는 사람은 굳이 타인을 헐뜯을 이유가 없다. 자기 삶에 집중하는 사람은 남의 허물을 들춰보지 않는다. 비난 대신 자신을 다듬는다.

자기 삶에 불만이 많은 사람일수록 남을 공격한다. 자신이 풀지 못한 감정을 타인에게 쏟아낸다. 그래서 자주 까칠해지고, 별것 아닌 일에도 예민하게 반응한다. 감정의 화살을 밖으로 돌리면 자신의 마음은 잠시 편해지기 때문이다(잠시만 그렇다. 그리고 또 다시 타깃을 찾아야 한다. 이게 무한히 반복된다).

자기 성취가 없는 사람일수록 타인의 실수를 확대한다. 비교 우위를 찾기 위해 누군가의 약점을 물고 늘어진다. 결핍은 불안을 부추기고, 열등감은 공격성을 낳는다. 자존감이 부족한 사람은 남의 실패를 통해 스스로를 위로한다.

정말 강한 사람은 남을 끌어내리지 않는다. 올라가야 할 지점을 알기에 시선을 아래로 두지 않는다. 자기 싸움에 몰두하는 사람은 타인의 약점에 관심이 없다. 자기 자신의 길에만 집중할 뿐이다.

사람은 자기 삶이 힘들수록 타인을 끌어내리려 하지

만, 실제로 끌어내려지는 것은 자기 자신이다.

비난은 아무나 하지만, 품위는 아무나 지키지 못한다. 진짜 여유는 침묵 속에서 우아함을 지킨다. 진짜 여유로운 사람은 품위를 지키는 사람이다.

공황 장애가
찾아왔다

　직장 10년 차, 공황 장애가 찾아왔다. 아무 이유 없이 숨이 막히고, 심장이 미친 듯이 뛰었다. 어떻게 해도 이 증상을 멈출 수 없었다. 내가 내 몸을 마음대로 할 수 없다는 무력감에, 우울증까지 덮쳐왔다.

　그때 정신과 의사인 친구를 만났다. 나는 조금 망설이다가 친구에게 이야기를 털어놓았다. 그러자 친구는 조용히 고개를 끄덕이며 말했다.

"한국 사람들은 내가 힘들지 않아야 한다고 생각해. 항상 괜찮아야 한다고 믿지. 그런데 그렇지 않아. 사람은 누구나 힘들 수 있는 거야. 그러니까 먼저 힘들다고 인정하는 것부터 해야 해. 나에게도 힘든 시기가 있을 수 있다고 받아들이는 게 시작이야. 인정을 해야 나아갈 수 있어. 힘든데 그걸 스스로 인정하지 않으니 병이 오는 거야."

그 말을 듣는데, 왠지 가슴이 먹먹해졌다. 그동안 힘들면서도 애써 아닌 척 해왔다. 괜찮아야 한다고, 강해야 한다고 생각했다. 하지만 그게 아니었다. 나는 힘들 수 있다. 그리고 그걸 인정해야 한다.

그 순간, 내 안에서 버티던 무언가가 조금은 풀리는 기분이 들었다. 아주 조금이지만 마음이 편해졌다. 내가 힘들다는 사실을 처음으로 받아들였으니까. 그 순간이 내가 다시 앞으로 나아가는 첫걸음이었다.

40대가 되면 필요한 4가지 다이어트

40대가 되면 해야 하는 4가지 다이어트가 있다. 단순히 체중을 줄이는 데서 그치지 않고, 몸과 마음의 부담을 덜어내는 다이어트다. 살다 보면 마음이 무거워지는 순간들이 많다. 그래서 더 가볍고 단단하게 살아가기 위해 이런 다이어트를 시도하고 있다.

1. —— 체중 다이어트

나이가 들수록 가만히 있어도 체중이 조금씩 늘어난

다. 소식하고, 매일 30분 이상 걷거나 운동을 해야 겨우 체중이 유지되는 느낌이다. 가끔은 단식을 하거나 강도 높은 운동으로 체내 리듬을 새로 맞추기도 한다. 규칙적인 습관이 없으면 금방 무너지기 때문에 특히 신경을 쓰게 된다.

2. —— 관계 다이어트

너무 많은 관계가 삶을 복잡하게 만든다. 친밀감이라는 이름으로 나를 소모시키는 관계도 분명히 존재한다. 새로운 인연을 무작정 쌓기보다는 오래된 인연을 점검하고, 필요하다면 조용히 정리하는 일이 필요하다. 떠나는 인연은 깨끗하게 보내주고, 억지로 이어가지 않는다.

3. —— 걱정 다이어트

대부분의 걱정은 실제로는 일어나지 않는다. 걱정이 필요할 때보다 오히려 내 마음을 갉아먹을 때가 많다. '필요한 걱정만 남기고, 나머지는 줄인다'는 마음으로 하루를 시작하려 한다. 걱정이 습관이 되지 않도록 의식적으로 걸러내는 훈련이 필요하다.

4. —— 감정 다이어트

살아가다 보면 무례한 사람을 만나게 된다. 예전에는 그 무례함에 일일이 반응했지만, 이제는 그럴 시간과 에너지도 아깝게 느껴진다. 타인의 무례는 흘려보내고, 나를 지키는 데 감정을 쓰기로 한다. 내 마음을 내가 지켜야 하듯, 내 시간을 지킬 책임도 결국 나에게 있다.

나를 무겁게 하는 것들을 덜어내야 진짜 중요한 일과 사람에게 집중할 수 있다.

상처받았던 사람이
더 다정하다

 내가 만난 다정한 사람들은 대개 조용했다. 말수가 적고 말투는 조심스러웠으며, 상처 주는 말을 하지 않으려 했다. 그들을 보며 깨달았다. 다정함은 타고나는 게 아니라, 삶을 겪으며 배운 태도라는 걸.

 그들은 대부분 상처를 경험한 사람들이었다. 누군가의 말에, 태도에, 혹은 무심함에 깊이 베인 경험이 있었다. 그래서 쉽게 단정하지 않고, 쉽게 판단하지 않는다. 상대의 말을 들으려 하고, 이해하려 애쓴다.

다정한 사람은 대개 아팠던 사람이다. 누군가에게 받은 말의 날카로움을 기억하기에, 누군가에게 칼이 되지 않으려 한다. 그래서 말을 꺼내기 전에 '혹시'라는 단어를 붙이고, 부탁보다 양해를 먼저 구한다. 그것은 마음의 기술이자 진심 어린 배려다.

많은 말을 하지 않는 이유는 생각을 먼저 하기 때문이다. 자신이 하는 말이 상대방에게 어떻게 들릴지 고민하는 사람. 이런 사람의 말은 대개 상대에 대한 조심스러운 배려를 품고 있다.

부드러운 표정, 낮은 목소리, 잔잔한 웃음 뒤에는 스스로 마음을 다스려온 시간이 있다. 조심스러운 태도는 불편함이 아니라, 배려의 결과다.

그래서 나는 다정한 사람을 보면 한 번쯤 멈춰 생각한다. 저 마음은 어디서 왔을까. 얼마나 아팠으면 저렇게 조심스러울까. 그런 사람을 마주하면, 나도 조금 더 부드러워지고 싶어진다.

저녁에
의자를 사지 마라

미국 속담 중에 이런 말이 있다. "저녁에 의자를 사지 마라. 모든 의자가 좋아 보일 테니." 피곤한 상태에서는 나에게 맞는 의자가 무엇인지 선택하기 어렵다. 하루 종일 지친 몸으로 가구점에 가면, 어떤 의자든 편안하게 느껴지고 좋은 선택처럼 보인다. 그래서 나에게 맞지 않는 의자를 고를 가능성이 높다.

배고플 때 장을 보면 같은 일이 벌어진다. 꼭 필요하지 않은 음식까지 장바구니에 담게 된다. 배가 고프면 모든 음식이 맛있어 보여서, 불필요한 간식이나 과한 양의 식재료를 사게 된다. 그 결과, 충동적으로 구매한 음식들이 쌓이고 낭비로 이어진다.

관계도 마찬가지다. 외로울 때 누군가를 만나면 안 된다. 외로우면 모든 사람이 좋아 보인다. 그러다 보면 내가 원하지 않는 관계를 시작하게 되고, 이는 후회로 이어지기 쉽다. 잘못된 선택을 하지 않으려면, 외로울 때가 아니라 온전한 나 자신일 때 사람을 만나는 것이 좋다.

감정은 나의 선택에 큰 영향을 준다. 피곤하면 불필요한 선택을 하고, 배고프면 충동적으로 소비하며, 외로우면 나에게 맞지 않는 관계를 만든다. 무언가를 결정할 때 혹시 내가 지금 너무 감정적인 상태가 아닌지 살펴볼 수 있어야 한다.

더 좋은 사람이
되고 싶게 만드는 사람

 직장 생활 초기, 나를 유독 괴롭히는 선임이 있었다. 내가 실수를 하면 마치 기다렸다는 듯 비난했고, 실수를 하지 않을 때는 작은 트집이라도 찾아내 괴롭혔다. 마치 내가 잘못될수록 자신이 더 돋보인다고 믿는 사람처럼. 그 사람 옆에 있을 때 나는 한없이 작아졌다.

 같은 시기, 나에게 정말 친절한 선임이 있었다. 내가 실수를 하면 "그럴 수도 있지"라고 위로해 주었고, 실수를 하지 않을 때는 "잘하고 있다"고 격려했다. 마치 내가 잘되면 자기도 잘된다고 믿는 사람처럼. 그 사람 옆에 있을 때 나는 무엇이든 할 수 있을 것 같았다.

어떤 인연은 같은 상황 속에서 나를 부족한 사람으로 만들고, 어떤 인연은 같은 상황 속에서 나를 할 수 있는 사람으로 만들어준다.

진짜 인연은 나의 부족함을 보고도 그 안에 있는 가능성을 발견해 주고, 더 나은 사람이 될 수 있도록 격려해주는 사람이다. '나도 할 수 있다', '나도 괜찮은 사람이다'라고 생각하도록 만들어주는 사람이다. 진짜 인연은 내가 스스로 더 좋은 사람이 되고 싶도록 한다. 영화 「이보다 더 좋을 순 없다」에 나오는 잭 니콜슨의 명대사처럼. "당신은 내가 더 좋은 남자가 되고 싶게 만들어요(You make me wanna be a better man)."

그래서 우리는 좋은 사람을 만나야 한다. 그리고 나도 누군가에게 그런 사람이 되어야 한다. 함께 있을 때 더 나은 내가 되는 관계. 서로가 서로에게 그런 관계가 되어주는 것이 진짜 인연이다. 우리는 그런 사람을 만나고, 그런 사람과 더 많은 시간을 보내야 한다. 서로에게 진짜가 되어주는 진짜 인연을 만나야 한다.

남들의 무례한 말을
신경 쓸 필요 없는 이유

가끔 무례한 사람을 만난다. 이유 없는 말로 상처 주는 사람도 있고, 마주치기만 해도 기분이 상하는 사람도 있다. 그런 사람에게 화가 나기도 한다. 온라인에 글을 쓰다 보면 악플을 보게 된다. 그 악플에 화가 나서 댓글을 쓰고 싶을 때도 있다. 하지만 일일이 대꾸할 필요가 있을까? 결국 내 에너지만 더 쓰게 된다.

우리가 누군가에게 상처를 받는 이유는, 그에게 내가 진심이었기 때문이다. 마음을 주고 믿었기 때문에 실망하게 되고, 그 실망이 곧 상처가 된다. 사랑했던 사람과의 이별도 마찬가지다. 비단 사람뿐 아니라, 내가 진심을 다한 일이 무너질 때도 상처는 남는다. 그래서 마음이 아픈 건 어쩌면 당연한 일이다. 한동안은 슬퍼하고 무너져도 괜찮다.

하지만 나와 상관없는 사람, 전혀 모르는 사람의 말에까지 상처받을 이유는 없다. 그들은 나를 제대로 알지 못한다. 나는 그들에게 진심도, 마음도 나눈 적이 없다. 단지 스쳐가는 사람일 뿐이다. 그들의 말은 진심이 아니라 투사일 수 있다. 내가 아니라 그들의 문제일 수도 있다. 그렇다면 내가 상처받을 이유는 더더욱 없다.

누군지도 모르는 사람을 의식하며, 그들이 나를 어떻게 생각하는지를 고민하는 건 내 시간과 마음을 낭비하는 일이다. 살아가면서 정말 신경 써야 할 사람은 손에 꼽을 정도로 적다. 내 마음을 주고, 시간을 나누고, 함께 시간을 쌓아온 소중한 사람들이다. 그 외의 사람들은 시간이 지나면 대부분 기억조차 나지 않는다.

 지금 내 곁에 있는 사람을 더 살피고, 나를 위해 살아가는 일에 더 집중해야 한다. 외부의 소음에 흔들리기보다 내 안의 평온을 지키는 쪽을 택한다. 오늘 하루도 나를 위하고 내 삶을 아끼는 방향으로 삶을 살아낸다.

미래의 내가 현재의 나를
응원하고 있다

가끔 나는 과거의 나에게 위로를 보낸다.

"그때 정말 힘들었지, 그래도 잘 버텨줘서 고마워."

"네 덕분에 내가 지금 이렇게 살아 있어. 정말 수고 많았어."

그렇게 과거의 나에게 감사한다. 그 시절의 나에게 고맙다는 인사를 보낸다. 그때의 나를 보듬으며, 지금의 나를 다독인다.

그러다 문득 생각한다. 어쩌면 미래의 내가 지금의 나에게 응원을 보내고 있을지도 모른다. 미래의 나는 아마도 이렇게 말할 것이다.

"그때 흔들렸지만 끝내 포기하지 않았지. 그게 결국 나를 여기까지 데려왔어."

"불안했지만 그 시간을 버텨줘서 고마워."

어디선가 이런 문장을 읽은 적이 있다.

"미래의 내가 현재의 나를 응원하고 있다."

이 문장을 내 마음에 오래 새겨두었다. 무너질 것 같던 날, 그 말 하나로 다시 숨을 고를 수 있었다.

결국 나를 지켜준 건, 다른 시간대의 '나'였다. 어제의 내가 오늘의 나를 버텨냈고, 오늘의 내가 내일의 나를 만들고 있다. 시간은 흘러가지만, 각기 다른 시점의 내가 서로를 위로하며 나를 완성시킨다.

그렇다. 미래의 당신이 지금의 당신을 응원하고 있다. 그리고 내일의 당신은 오늘의 당신을 진심으로 고마워할 것이다.

포기도
습관이 되더라

무언가 시작하면 웬만하면 끝을 내야 한다. 중간에 포기하면 안 된다. 포기가 습관이 되어버리기 때문이다.

'이번만 포기하지 뭐. 누가 보는 것도 아닌데.' 이런 생각을 한 번, 또 한 번 하다 보면 포기가 습관이 된다.

운동을 하기로 결심했는데 하루 빠지니까 너무 편하다. 그리고 다음 날도, 그다음 날도 빠진다. '오늘만 그냥 쉴까?'는 '오늘도 그냥 쉴까?'로 바뀐다. 그렇게 나는 운동을 하지 않는 사람이 되고 포기는 습관이 된다.

어떤 사람들은 되든 안 되든, 일단 끝까지 가본다. 이 사람들은 무엇을 하든 끝을 본다. 포기가 습관이 된다는 것을 잘 알고 있기 때문이다. 그리고 포기하지 않는 것도 습관이 된다는 것을 잘 알고 있기 때문이다.

나는 이런 생각을 자주 한다. "이번에 포기하면, 단순히 이것만 포기하는 게 아니라, 내가 '포기하는 사람'이 되는 거야. 이걸 못 견디면 다음은 없어. 최대한 끝까지 해볼 거야. 나는 포기하는 사람이 아니니까."

인생의 성취 대부분은 결국 끈기와 성실함에서 나온다. 끝까지 해보겠다는 태도가 쌓여 내 삶을 만들어간다. 쉽게 포기하지 않는 사람만이 원하는 것을 이룰 수 있다.

아무도 나를
몰라주는 것 같아도

 아무도 알아주지 않는다고 느껴지더라도 최선을 다하는 태도가 좋은 인생을 만든다.

 온라인 글쓰기를 예로 들어보자. 처음 블로그에 글을 쓰면 공감도 없고, 댓글도 없다. 의욕이 떨어지기 쉽다. 하지만 그럼에도 불구하고 계속 쓰는 사람이 있다. 다른 사람들이 다 포기해도 몇 개월, 몇 년 꾸준히 글을 쓰는 사람의 블로그는 결국 성장하게 되어 있다. 나도 그런 경험을 했다.

세상 일 대부분이 그렇다. 누구나 처음부터 반응을 얻기란 힘들다. 하지만 포기하지 않고 꾸준히 하다 보면, 어느 순간 나도 모르게 응원이 모이고 변화가 일어난다.

아무도 알아주지 않아도 계속해야 하는 세 가지 이유가 있다.

첫째, 내가 나를 알아주기 때문이다. 아무도 인정해주지 않아도, 내가 해내는 것 자체가 나를 단단하게 만든다. 내가 무언가를 열심히 하면 스스로에 대한 믿음과 신뢰가 생긴다. 그건 누가 대신 만들어줄 수 있는 것이 아니다.

둘째, 그 시간 동안 내 실력이 쌓이기 때문이다. 남들이 알아주지 않더라도, 계속하는 동안 나 자신은 발전하고 있다. 실력에 더해 성실함이 쌓이고, 끈기도 생긴다.

셋째, 결국은 다른 사람들이 조금씩 알게 되기 때문이다. 시간이 지나면, 내가 쌓아온 것들이 자연스럽게 세상에 드러나게 된다. 내가 최선을 다하면 반드시 누군가는 알게 되고, 지속하면 더 많은 사람이 알게 된다.

그러니 내게 충분히 의미 있는 일이라면, 다른 사람들이 몰라주는 것 같아도 묵묵히 최선을 다해야 한다. 시간이 지나면 결국 나도, 세상도 모두 그 가치를 알게 될 것이다.

이제는 나를
용서하고 싶어

 인생에서 가장 후회했던 일 중 하나는 대학 입시였다. 그때 스스로 최선을 다하지 않았다고 생각했기 때문이다.
 그 후회는 대학을 다니는 내내 나를 괴롭혔다. 두고두고 후회가 됐다. 더 잘할 수 있었는데 왜 그렇게 하지 못했을까. 조금만 더 노력했으면 달라지지 않았을까.

 그런데 시간이 지나면서 다른 생각을 하게 되었다.

그때는 알지 못했지만, 그때의 나에게는 그게 최선이었을지도 모른다. 그때의 나는 나름대로 열심히 고민했고, 힘들어했고, 최선을 다했을지도 모른다.

내가 지금 알고 있는 것들을 그때의 나는 알지 못했다. 그때의 나는 지금보다 여렸고, 약했다. 이제 나는 조금 더 자랐고, 조금 더 강해졌다. 그때는 몰랐던 것들을 이제는 알고 있다. 그래서 지금의 내 입장에서는 과거의 내 행동이 아쉽게 느껴진다. 하지만 그때의 나에게는 그 선택이, 그 노력이 최선이었을지도 모른다.

그래서 나를 너무 미워하지 않기로 했다. 과거의 나에게 '너는 최선을 다했다'고 말해주었다. 그러자 그 순간, 나를 붙잡고 있던 응어리가 서서히 녹아내리는 것을 느꼈다.

우리는 늘 후회하며 살아간다. 그때 더 열심히 했더라면, 더 노력했더라면, 더 잘했더라면. 하지만 후회만으로는 아무것도 바뀌지 않는다. 아니, 오히려 내가 더 힘들어진다.

내가 나를 위해 지금 해야 할 것은 단순하다. 지금 이 순간, 과거의 나를 미워하지 않는 것. 그리고 후회하지 않도록 지금 최선을 다하는 것.

그때의 나도 나름대로 애썼고, 그때의 나도 나름대로 버텼다. 그걸 인정하는 순간, 후회는 조금씩 사라지고 앞으로 나아갈 용기가 생긴다.

그러니까 너무 나를 미워하지 말자. 과거의 나도, 그 순간 나름대로 최선을 다했으니까. 그게 나의 최선이었으니까.

망하더라도
이렇게 망해야지

살아보니 다른 사람의 조언이라는 것이 생각보다 별로 도움이 되지 않는다.

그들이 나를 잘 모르거나, 내 고민의 본질을 이해하지 못하거나, 어쩌면 애초에 관심이 없을 수도 있다. 더 솔직히 말하면, 내가 잘되기를 바라지 않거나 오히려 망하길 바라는 마음이 깔려 있는 경우도 있다. 조언이라는 말 뒤에는 의외로 그런 복잡한 감정들이 숨어 있는 경우가 많다.

그건 매일의
기적이었네

    드라마 「폭싹 속았수다」에 주인공 오애순이 쓴 것으로 이런 시가 나온다.

    소중한 이가
    아침에 나갔던 문으로
    매일 돌아오는 것.
    그건 매일의 기적이었네.

드라마에서 오애순은 오랜 시간 함께했던 가족의 소중함을 다시금 깨닫는다. 그리고 평범한 일상이 얼마나 큰 기적이었는지 되새기며 이 시를 읊는다.

나는 이 장면을 보며 나태주 시인의 「행복」이란 시를 떠올렸다. 시에서는 이렇게 말한다. '행복이란 저녁 때 돌아갈 집이 있다는 것'이라고.

우리는 종종 소중하지만 사소한 것들을 당연하게 여긴다. 그러나 당연하게만 받아들이면 소중함을 잃어버린다. 감사함도 사라진다. 당연한 것을 특별한 것으로, 더 나아가 기적으로 바라보면 모든 순간이 소중해지고 모든 날이 감사로 채워진다.

삶은 결국 내가 세상을 어떻게 바라보느냐에 달려 있다. 작은 것에도 감사하고, 소소한 행복을 느낄 줄 알면 삶의 매 순간이 따뜻하고, 아름답고, 기적으로 빛난다. 매일이 기적이 된다.

나이가 들수록 행복은 요란한 것이 아니라 조용한 것이라는 생각을 한다. 어떤 특별한 일이 있어서 행복한 게 아니라, 특별한 고민이 없으면 행복한 것이다.

분주하게 살아가는 동안엔 깨닫지 못했다. 하루하루 바쁘게 달려가며 의미 있는 순간을 찾으려고 애썼지만, 어느 순간 알게 되었다. 별일 없는 하루가 가장 큰 축복이라는 걸.

출근하고, 무탈하게 하루를 보내고, 평온하게 퇴근하는 것. 가족과 저녁을 먹고, 별다른 걱정 없이 잠자리에 드는 것. 예전엔 당연했던 일들이 이제는 감사하고 소중하게 느껴진다.

행복은 결국, 특별한 일이 아니라 평범한 하루 속에 있다. 아무 일 없다는 것이, 우리가 바랄 수 있는 가장 큰 행복일지도 모른다.

내가 지킨 약속들이
나를 지킨다

이런 문장을 읽었다.

"자기 자신과의 약속을 지켜나가다 보면 내가 지킨 약속들이 나를 지킨다."

직장을 다니면서 매일 회사에 20분 일찍 도착하자는 나만의 규칙을 세웠다. 그렇게 몇 년 동안 꾸준히 나와의 약속을 지키면서 나는 회사에서 성실한 사람, 믿을 수 있는 사람으로 인식되었다.

작가가 되고 싶어 매일 블로그에 글을 한 편씩 썼다. 어떤 글이든 최소한 하루 한 편을 쓰는 사람이 되려고 노력했다. 그렇게 몇 년 후에는 블로그 글을 엮어서 책을 출간할 수 있게 되었다.

다른 사람과의 약속이 아니다. 내가 나와 하는 약속이다. 출근을 일찍 하는 사람이라는 인식은 나를 회사 내에서 생길 수 있는 부정적인 인식으로부터 지켜주었고, 블로그 글을 매일 쓰는 습관은 내가 작가가 되는 것을 포기하지 않게 해주었다.

나이가 들면 들수록 성실과 부지런함은 중요하다. 내가 나와의 약속을 지켜나가다 보면 내가 지킨 약속들이 반드시 나를 지켜준다.

남이 바뀌길
기대하지 마라

직장 동료와 갈등을 겪은 적이 있다. 그는 자신의 의견을 항상 강하게 주장하는 스타일이었다. 나는 그가 조금 더 유연하게 다른 의견을 받아들이길 바랐다.

'왜 이렇게 고집을 부릴까?'

'이 방법이 맞다고 해도 듣지 않으려 하는데, 어떻게 해야 하지?'

때로는 짜증이 났고, 화를 표현하기도 했다. 그러나

기대와 실망을 반복할수록 우리의 거리는 점점 멀어졌다. 이런 갈등에 스트레스를 많이 받았다.

그러던 어느 날, 문득 깨달았다. 나는 상대가 바뀌기만을 바라며, 그를 변화시키려 하고 있었다. 내 기준에서는 그가 변해야 했지만, 그의 기준에서는 자신이 변할 이유가 없었다.

그 순간, 나는 바뀌어야 할 대상이 상대가 아니라 나라는 것을 깨달았다. 그리고 그를 바꾸려 애쓰는 대신, 있는 그대로 받아들이기로 했다.

그러자 신기하게도 관계가 조금씩 변했다. 그를 있는 그대로 대하기 시작하자, 그도 내 말을 더 귀담아듣기 시작했다. 예전에는 내가 맞다고 주장하면 강하게 반박하던 그가 조금씩 내 의견을 존중해 주었다. 강요하지 않아도, 설득하지 않아도, 내 태도가 바뀌자 상대도 변했다.

굳이 타인을 바꾸려고 애쓰지 않아도 된다. 그건 애초에 불가능한 일이다. 변화를 기대하지 않을 때, 실망할 일도 사라지고 내 마음속 평화도 찾아온다. 진정한 변화는 언제나 나에게서 시작되는 것이다.

내가 결혼을
결심했던 순간

10년도 더 된 일이다. 회사에서 큰 실수를 한 적이 있었다. 모든 사람이 나를 비난할 것 같았고, 심하면 회사에서 잘릴지 모르겠다는 생각도 들었다.

모든 것이 무너진 것 같은 기분으로 집에 돌아올 때 유일하게 보고 싶은 사람은 단 한 명이었다. 바로 여자 친구였다. 그녀 외에는 아무도 생각나지 않았다.

그녀와 신촌의 한 카페에서 만나서 나에게 있었던 이

야기를 털어놓았다. 그녀는 조용히 내 이야기를 들어주었다. 어떤 해결책이 나온 것은 아니었지만, 그녀에게 털어놓는 것만으로 마음은 조금씩 진정되었다.

그 순간, 이런 생각이 들었다. 내 앞에 있는 사람이 내가 가장 힘들 때 함께하고 싶은 사람이구나. 앞으로도 나에게 이런 일이 있다면 나는 이 사람이 생각나겠구나.

나는 그녀와 결혼할 결심을 했고, 얼마 지나지 않아 그녀에게 프로포즈를 했다. 그녀는 내 아내가 되었다.

가장 힘들 때 생각나는 사람이 있다면 그 사람을 놓쳐서는 안 된다. 좋을 때 만날 수 있는 사람은 많다. 하지만 정말 힘이 들 때 옆에 있어 줄 사람은 귀하다. 내가 힘들 때 생각나는 사람, 그 사람이 나에게 진짜 위로와 용기를 줄 수 있는 소중한 사람이다.

살다 보면 힘든 일이 얼마나 많은가? 그럴 때마다 내 마음을 털어놓을 수 있는 사람, 내게 따뜻한 위로를 건넬 수 있는 사람이 있다면 인생은 훨씬 더 살만해질 것이다.

체력을 길러야 할
5가지 이유

바쁜 일상 속에서 운동을 놓치기 쉽다. 며칠 운동을 쉬었다고 당장 문제가 생기는 것은 아니다. 그래서 운동은 우선순위에서 밀려나기 쉽다. 하지만 체력은 단순한 건강 그 이상이다. 삶의 모든 순간에 영향을 미치고, 나 자신을 지켜주는 든든한 힘이 된다.

운동을 통해 체력을 기르면 다음 5가지 좋은 점을 얻을 수 있다.

1. —— 건강해진다

운동을 하면 건강이 좋아진다. 건강해야 내가 하고 싶은 일을 할 수 있다. 나이가 들수록 건강은 중요하다.

2. —— 너그러워진다

체력이 충분하면 작은 일에 흔들리지 않는다. 사소한 것에 예민해지기보다 여유롭게 바라볼 수 있다. 내가 작은 일에 흔들리고 사소한 것에 예민해지는 이유는 의외로 체력 부족일 때가 많다.

3. —— 집중력이 좋아진다

몸에 집중력이 생기면 정신도 함께 집중할 수 있다. 운동을 하면서 한 동작 한 동작 집중하는 연습이 삶과 일에서 더 깊은 몰입을 가능하게 한다.

4. —— 실수를 줄일 수 있다

쉽게 지치지 않으니 실수할 확률이 줄어든다. 힘이

있으면 더 차분하게 판단할 수 있고, 실수를 바로잡을 여유도 생긴다.

5. ── 나 자신을 믿을 수 있다

꾸준히 운동을 하면서 스스로와 한 약속을 지켜가다 보면 내가 나를 믿는 힘이 생긴다. 자존감도 함께 높아진다.

체력이 없어도 정신력으로 극복할 수 있을까? 어느 정도는 그렇다. 하지만 체력이 없을수록 더 많은 정신력이 필요하다. 그렇기에 정신이 쉽게 피로해진다. 체력이 없을수록 좋은 컨디션을 유지하기가 어렵다는 말이다.

잘 정비된 배가 있어야 큰 바다를 항해할 수 있듯이 체력이 갖춰져야 더 잘, 더 멀리, 더 오래 나아갈 수 있다. 몸이 준비되면 마음이 준비되고, 마음이 준비되면 인생이 준비된다.

나도 모르게
싫어하는 사람을 닮게 된다

개그우먼 이영자의 다음 말을 좋아한다. "누군가 옆에서 기운 빠지는 소리를 하잖아? 그럼 그 사람을 인생에서 빼 버려."

대표적인 유형이 부정적인 사람이다. 내가 뭔가를 하려고 하면 "그거 안 될 걸?", "그거 해봤자 소용없어"라고 이야기하는 사람들. 그들의 말 한마디 한마디가 내 기운을 갉아먹는다.

애초에 말투 자체가 부정적인 사람도 있다. 습관처럼 욕을 하거나 부정적인 표현을 반복하는 사람들이다. 이런 말들은 듣는 사람의 기분을 나쁘게 만들고, 주변의 공기를 얼어붙게 한다.

그런 사람들을 인생에서 멀리해야 한다. 가혹하게 들릴 수도 있지만, 그들은 내게 나쁜 영향을 주고 있는 중이다. 그들은 타인의 기운을 빼앗는 기운 도둑이기 때문이다. 힘을 내는 건 힘들지만 힘 빠지는 건 금방이다. 한번 힘이 빠지면 다시 힘을 내기는 쉽지 않다.

게다가 싫어하는 사람을 자주 만나거나 의식하면 거울 뉴런의 작용으로 그 사람의 말투나 행동을 무의식적으로 따라 하게 된다. 그러다 보면 나도 모르는 사이에 내가 싫어하는 사람을 조금씩 닮아가게 된다. 얼마나 슬픈 일인지.

사회 초년생일 때 나는 직장 상사 한 분을 정말 어려워했다. 그는 늘 차가운 말투로 이것저것 지적했고, 작은 실수도 크게 꾸짖었다. 나는 그가 싫어서 회사를 옮길 생각까지 했다.

그런데 어느 날 문득 깨달았다. 어느 순간부터 내가 나도 모르게 그의 말투를 따라 하고 있다는 것을. 그분이 자주 쓰는 말투 중에 "확실해?"가 있었는데 나는 그 말이 정말 싫었다. "확실해?"를 연발하면 상대는 점점 주눅이 든다. 그런데 어느 날 문득, 내가 후배들에게 그 말을 쓰고 있는 것이 아닌가. "확실해?"

부정은 긍정보다 몇 배의 힘을 가진다. 사회심리학자 로이 바우마이스터 교수의 연구에 따르면, 사람들은 긍정적인 경험보다 부정적인 경험을 더 강하게 기억하고 더 오래 간직하는 경향이 있다고 한다. 그의 연구에서는 부정적인 사건이 긍정적인 사건보다 최대 5배 더 강한 영향을 미친다는 결과가 나왔다.

좋은 사람을 만나고 좋은 책을 읽는 것 이상으로, 반대의 사람과 반대의 글을 멀리하는 게 필요하다. 긍정을 키우는 것 이상으로 부정을 피하는 게 중요하다.

관계는 선택할 수 있다. 나를 갉아먹는 관계는 내 삶에서 지워내야 한다. 거리를 두고, 내 삶을 더 맑고 건강하게 만들어야 한다.

때론 물리적으로 관계를 끊기 어려운 경우도 있다. 가족일 수도 있고, 직장 동료일 수도 있다. 그럴 땐 내 마음속에서 그들을 멀리하면 된다. 그들의 말과 태도를 깊이 새길 필요 없이, 내가 받는 영향을 최소화하는 마음가짐이 필요하다.

안 그래도 힘든 세상이다. 이 와중에 내 기운을 빼앗는 기운 도둑까지 내 곁에 둘 필요는 없다.

당신의 삶이
힘들 수밖에 없는 이유

뇌의 보상 이론에 관한 여러 연구에 따르면, 사람이 정말 힘든 순간은 바쁘거나 아플 때가 아니라고 한다. 오히려 '무엇 때문에 바쁜지, 무엇 때문에 아픈지' 알 수 없을 때 가장 깊은 무기력이 찾아온다고 한다. 이유가 분명한 고통은 어느 정도 견딜 수 있지만, 이유 없는 고통은 크지 않더라도 훨씬 더 사람을 지치게 하고, 쉽게 포기하게 만든다.

돌아보면 나도 그랬다. 학창 시절에는 대학이라는 목표가 있었다. 공부가 힘들고 잠이 부족했지만, '왜' 해야 하는지 분명했기 때문에 지치지 않고 버틸 수 있었다. 미래가 불확실해도, 대학에 간다는 선명한 목적 하나로 하루하루를 채워나갈 수 있었다. 고통보다 목적이 더 컸기 때문에 멈추지 않았다.

하지만 직장 생활이 10년을 넘어서면서 상황은 달라졌다. 매일 열심히 사는데도, 어느 순간부터 내가 왜 이렇게 살아야 하는지 알 수가 없었다. 일은 끊임없이 쏟아졌고, 점점 기계처럼 일하고 있다는 느낌을 받았다. 내가 무엇 때문에 바쁜지, 무엇 때문에 지쳐가는지 알 수 없게 되자 마음이 먼저 고장 났다.

생각해 보면 직장을 다니던 시절의 '노력'은 학창 시절보다 덜했을 수도 있다. 하지만 체감하는 고통은 훨씬 컸다. 단순히 몸이 힘든 게 아니라, 방향을 잃은 채 떠밀려 가는 느낌이었다. 노력은 하고 있는데 어디로 가고 있는지는 알 수 없을 때, 사람은 쉽게 지치고 마음은 점점 말라간다.

이제는 생각이 바뀌었다. 인생에서 정말 중요한 건 '열심히 사는 것'이 아니라 '왜 그렇게 사는지 아는 것'이라고 믿는다. 삶의 이유가 선명할 때, 우리는 버티는 힘도 다르게 만들어낸다. 의미가 있는 노력은 나를 지치게 하지 않고, 방향이 있는 하루는 나를 단단하게 만든다.

바쁘게 사는 것이 전부가 아니다. 이유가 있는 삶, 내가 선택한 이유를 품고 살아가는 삶, 나만의 소명으로 움직이는 삶이야말로 가장 건강하고 의미 있는 삶이다. 아무리 힘들어도 이유를 알고 있을 때 사람은 다시 일어설 수 있다.

잘 쉬는 것도
인생의 기술이야

언젠가 사내 강연에서 들은 말이 있다.

"한국 사람들은 완벽주의 성향이 강해서, 쉬는 것마저도 완벽하게 하려고 합니다. 이것만 끝내고 쉬어야지, 내년에 승진하면 쉬어야지, 좀 더 안정되면 제대로 쉬어야지. 그런데 이런 생각 때문에 결국 쉬지 못합니다."

생각해 보면 우리는 자주 '나중에' 쉬기로 한다. 일단 눈앞의 업무를 다 마치고 나서, 책임을 다한 다음에, 혹은 큰일을 치르고 나면 그제야 휴식을 생각한다. 하지만 해야 할 일은 계속 생기고, 목표는 계속 갱신된다. 결국 쉰다는 말은 끝내 도달하지 못할 곳처럼 느껴진다.

강사는 이렇게 말을 마무리했다. "그러다가 언젠가 강제로 쉬게 되는 일이 생길 수 있습니다."

몸이 아파서, 마음이 무너져서, 더 이상 일할 수 없는 순간이 올 수도 있다. 억지로라도 쉬지 않으면 결국 어쩔 수 없이 쉬어야만 하는 순간이 찾아올 수 있다는 말이었다.

그 말을 들으면서 나는 예전에 떠난 한 친구를 떠올렸다. 결혼을 앞두고 있던 30대 중반의 은행원이었다. 친구는 과도한 스트레스로 힘들어하다, 결국 사무실에서 운명을 달리했다.

행복을 미뤄서는 안 된다. 잘 쉬어야 일도 잘할 수 있고, 잘 쉬어야 내가 원하는 인생을 만들 수 있고, 잘 쉬어야 결국 내가 행복해질 수 있다. 잘 쉬어야 인생을 오래 잘 살 수 있다.

요즘 나는 쉬는 걸 미루지 않는다. 하던 일을 다 마친 뒤 쉬는 삶이 아니라, 하는 동안에도 중간중간 쉬는 삶을 산다. 기다리다 지치지 않도록, 미루다 놓치지 않도록, 지금 이 순간에도 간간이 숨을 고르며 살아야 한다. 잘 사는 것만큼, 잘 쉬는 것도 중요하니까. 잘 쉬는 것은 꽤나 중요한 인생의 기술이다.

비워야 채울 수 있다,
정말 그렇다

휴대폰에 수천 개의 전화번호가 있었다. 얼굴도, 이름도 가물가물한 사람들. 직장 생활, 사회 생활을 하면서 알게 된 사람들이었다. 회사를 그만두면서 자연스럽게 인연이 끝난 이들이 대부분이었다. 어느 날 마음을 먹고 그 번호들을 모두 지워버렸다.

초등학교 때부터 모아둔 온갖 잡동사니들도 있다. 책도 있고, 음악 CD도 있다. 결혼 후 이사를 거듭하다 보니 공간이 부족해져 버리기로 결정했다. 추억이 깃든 물건들이라 아쉬움이 있었지만, 버리고 나니 비로소 그 공간을 나에게 필요하고 중요한 것들로 채울 수 있었다.

부처는 말했다.
"비워야 채울 수 있다."

불교에서는 집착과 욕심을 비워내야 행복과 깨달음을 얻을 수 있다고 한다. 나이가 들수록 불필요한 것들을 덜어내는 연습을 하게 된다. 관계든, 물건이든, 생각이든, 내 삶에서 진짜 소중한 것만 남기려고 한다. 시절인연이 끝난 것들로 내 시간과 공간을 채우지 않는다. 세상은 자꾸 나에게 더 채우라고 말하지만, 진짜로 필요한 건 '비워낼 용기'다. 시절이 지난 것을 비워야 시절에 맞는 것으로 채울 수 있다. 그렇게 나는 매일 조금씩 나를 비우고, 다시 나를 채워나간다.

법정 스님은 이렇게 말했다.
"행복은 더하는 것이 아니라, 덜어내는 것이다."

우리는 더 많이 이루고, 더 많이 가져야 행복할 거라 믿는다. 하지만 때때로 행복은 무언가를 채우는 것이 아니라, 내려놓는 것에서 시작된다.

불안을 내려놓으면 마음이 가벼워지고, 완벽해야 한다는 생각을 내려놓으면 실수를 받아들일 수 있다. 편견을 내려놓으면 상대를 더 깊이 이해할 수 있고, 집착을 내려놓으면 자유로워진다. 강박을 내려놓으면 평온함이 찾아오고, 자격지심을 내려놓으면 있는 그대로의 나를 받아들일 수 있다. 비교를 내려놓으면 내 속도로 나아갈 수 있고, 타인의 시선을 내려놓으면 나만의 길을 걸을 수 있다. 과거의 후회를 내려놓으면 오늘을 온전히 살아갈 수 있다.

내려놓음은 곧 비워냄이다. 그리고 그 비워낸 자리에

서 진정한 자유가 시작된다. 꽃이 져야 열매를 맺는다. 움켜쥐었던 것들을 놓아줄 때 삶은 가벼워지고, 더 깊어진다. 행복은 더 많이 가지는 데서 피어나는 것이 아니라, 과감히 놓아주는 데서 피어난다.

4부

행복은 우리 생각보다 훨씬 더

대운이 오기 전
나타나는 신호

대운이 오기 전에는 신호가 나타난다.

그동안 겪어보지 못한 강도의 고난과 역경이 찾아온다. 오랫동안 친했던 사람들과 멀어지기 시작한다. 평소보다 더 많은 걱정이 생기고, 이 길이 맞는지 고민이 깊어진다. 주변 사람들이 "그 길은 아닌 것 같다"고 말하기 시작한다.

그러나 이런 고통은 내가 새로운 단계에 올라섰다는 증거다. 평소 해오던 일과 다른 새로운 도전을 시작했거나 지금까지 쉽게 해오던 것보다 더 높은 수준의 일을 하고 있기 때문이다.

지금 내가 이런 경험을 하고 있다면, 그건 성장하고 있다는 뜻이다. 혼란스럽고 흔들리지만, 그 과정을 견디면 예전에는 상상할 수 없었던 대운이 찾아온다. 포기만 하지 않는다면 반드시 그렇게 될 것이다.
인생의 가장 큰 선물은, 모든 것이 흔들리는 순간에 온다.

아내가 행복해야
내가 행복하다

내가 결혼 생활 10년을 지내며 가장 크게 깨달은 것은 이것이다.

아내가 기분이 좋으면 내가 기분이 좋다. 아내가 기분이 나쁘면 내가 기분이 나쁘다. 그래서 내가 기분이 좋으려면 아내가 기분이 좋아야 한다. 아내를 행복하게 해줘야 내가 행복할 수 있다.

이는 모든 관계가 마찬가지이다. 상사가 기분이 나쁘

면 나도 기분이 나쁘다. 상사가 기분이 좋으면 나도 같이 좋아진다. 내가 상사를 행복하게 만들어 줄 수 있다면 나도 행복해질 수 있다.

모임에서 사람들이 기분이 나쁘면 나도 기분이 나쁘다. 사람들이 기분이 좋으면 나도 같이 좋아진다. 내가 모임에 온 사람들을 행복하게 만들어줄 수 있다면 나도 행복해질 수 있다.

사실 누군가를 행복하게 해주려는 마음 자체에 행복이 깃든다. 법륜 스님이 "내가 꽃을 좋아하면, 꽃이 기분이 좋은 것이 아니라 내가 기분이 좋다"고 한 것처럼.

주변 사람을 행복하게 만드는 사람은 주변을 행복하게 하면서 자신도 행복해진다. 주변을 행복하게 만드는 사람은 여러모로 행복해질 가능성이 높은 사람이 된다.

결국, 내가 행복해지고 싶다면 먼저 누군가를 행복하게 해주면 된다. 그렇게 삶은 조금씩 따뜻해지고, 나 역시 그 안에서 단단해진다.

그래,
그럴 수도 있지

개그맨 유세윤의 인스타그램 프로필 문구는 "아구럴 수도있겠당"이다. '아, 그럴 수도 있겠다'는 의미다. 개그맨 생활을 하며 이해가 안 되는 상황을 마주치는 경우에 쓰던 문장이 아니었을까. 이처럼 "그럴 수도 있지"는 마음이 너그러워지는 마법의 문장이다.

나는 부정적인 생각이 떠오를 때마다 이 문장을 떠올린다. 운전을 하다 끼어드는 차를 봐도, 버스 안에서 시끄럽게 통화하는 사람을 봐도, 내가 이해할 수 없는 사고방식을 가진 사람을 만나도 이렇게 생각한다.

그럴 수도 있지.

어쩌면 아이를 병원에 데려다줘야 할 만큼 긴급한 상황일 수도 있고, 사랑하는 사람과 마지막 인사를 나누는 중일 수도 있으며, 내가 살아온 환경과 전혀 다른 세계에서 살아온 사람일 수도 있기 때문이다.

그런데 사실, 이 문장은 타인을 위한 것이 아니라 나를 위한 말이다. 내가 세상을 더 여유롭고 아름답게 바라보기 위해, 웬만한 일들은 그냥 이해하고 넘길 줄 아는 넉넉한 사람이 되기 위해, 마음이 넓은 사람이 되기 위해 쓰는 말이다. 나 자신을 유연하고 넉넉한 사람으로 만들어주는 말이다.

상사가 오늘 왠지 기분이 나빠 보인다. 내가 하는 일이 잘 풀리지 않는다. 우산이 없는데 갑자기 소나기가 쏟아진다.

그럴 수도 있지.

정말 그럴 수도 있다. 웬만한 일들은, 정말 그럴 수도 있는 것이다.

사실 모든 것은
시절 인연입니다

몇 년 전, 친한 친구와 함께 큰 프로젝트를 준비하고 있었다. 같이 힘을 합쳐 성공시키겠다고 다짐했지만, 점점 의견 차이가 생기면서 우리는 결국 각자의 길을 가기로 했다.

그때는 너무 아쉬웠다. '우리가 이렇게 끝나도 되는 걸까? 조금만 더 노력하면 다시 함께할 수 있지 않을까?'라는 생각이 자주 들었다. 그러나 그저 각자의 길을 가야 할 때가 온 것뿐이었다. 시간이 흐른 뒤, 나는 다른 사람과 새로운 프로젝트를 진행하며 더 큰 기회를 얻게 되었다. 친구 역시 자신만의 방식으로 성장하고 있었다.

그러던 어느 날, 그 친구를 다시 만났다. 그는 웃으며 말했다. "그때 우리가 각자의 길을 간 게 결국 잘한 일이었어." 나도 친구의 생각에 동의했다. 그리고 나는 그제야 깨달았다. 인연은 억지로 붙잡는 것이 아니라, 흐름을 따라가야 하는 것이라는 걸.

이어질 사람은 어떻게든 다시 만나게 되고, 이어질 수 없는 사람은 아무리 애써도 멀어질 수밖에 없다. 그러니 이미 떠난 사람을 억지로 붙잡을 필요도 없고, 맞지도 않는 사람에게 나를 억지로 맞추며 지쳐갈 이유도 없다.

불가에서는 '시절 인연'이라는 말을 쓴다. 모든 인연에는 때가 있다는 뜻이다. 시절이 지나면 인연도 자연스럽게 흐른다. 억지로 붙잡을 수 없는 것이 인연이라면, 흘러가는 대로 두는 것도 하나의 지혜다.

그렇기에 우리는 그저 자기다운 인생을 살아가면 된다. 내 삶에 집중하고, 내가 좋아하는 것을 하며 하루하루를 충실히 보내는 것. 그렇게 살아가다 보면 내 삶의 진동수와 맞는 사람은 자연스럽게 곁에 머무르고, 맞지 않는 사람은 조용히 떠나간다.

그때 우리는 이렇게 말하면 된다. 다가와 준 사람에겐 "와줘서 고마워." 떠나간 사람에겐 "함께해 줘서 고마워." 억지로 머물지도 않고 억지로 잡지도 않으면서, 감사한 마음으로 관계를 보내는 것이 어른의 인연이다.

나를 잃지 않고, 관계에 휘둘리지 않으며, 자연스럽게 흘러가도록 놓아주는 것. 그게 내가 알게 된 인연을 대하는 방식이다.

나는 사막의 낙타가
되어가고 있어

사막에 사는 낙타는 독특하다. 물을 한 번 마시면 며칠에서 몇 주를 버티고, 불필요한 움직임을 줄이며 에너지를 아껴 쓴다. 뜨거운 태양 아래서도 낭비 없이 필요한 곳에만 에너지를 쓰기 때문에 끝없는 사막을 묵묵히 건널 수 있다.

나는 요즘 그 낙타를 닮아가고 있다.

누군가를 부러워하는 것, 누군가를 시기 질투하는

것, 누군가를 미워하는 것, 누군가를 저주하는 것. 이 모든 감정은 엄청난 에너지를 요구한다. 마음속 부정적인 감정들은 나도 모르게 나를 소진시킨다. 그래서 이제 나는 의식적으로 그런 것에 에너지를 쓰지 않는다.

나이가 들면서 점점 깨닫게 된다. 그런 감정들은 나에게 아무런 도움이 되지 않고 오히려 내 삶의 에너지를 갉아먹을 뿐이라는 것을. 시간의 흐름과 함께 줄어드는 에너지 총량 속에서 가진 것을 온전히 나를 위해 쓰고 싶다. 좋은 생각, 좋은 감정, 좋은 행동. 내가 나를 위해 쓸 수 있는 것들에 집중하고 싶다.

나는 아직 갈 길이 멀고, 하고 싶은 것도 많다. 불필요한 곳에 에너지를 쓰지 않으니 마음이 더 단단해지고, 생각이 더 맑아진다.

그렇게 나는 사막의 낙타가 되어 간다. 에너지를 효율적으로 쓰는 낙타처럼, 인생이라는 끝없는 사막을 묵묵히 건너가며, 오래도록 꾸준히 나의 길을 걸어가리라.

꾸준함은
근성으로 되는 게 아니다

매일 운동해야 한다고 생각하지만 하지 않는 사람, 사실 그 사람이 바로 나다. 가만히 앉아서 하는 일을 오래 한 나는 몸을 쓰는 것을 좋아하지 않는다. 몸 쓰기에 게으른 나를 아무리 다그쳐봐도 꾸준히 운동을 하기 힘들었다.

수영을 했다. 지루했다. 등산을 했다. 이 또한 지루했다. 달리기를 했다. 힘들고 지루했다.

그러다가 드디어 나에게 맞는 운동을 찾았다. 바로 필라테스. 필라테스가 좋은 이유는 운동을 하다 보면 내가 평생 쓰지 않았던 근육들이 있다는 사실을 깨닫게 해준다는 점이다. 대체로 정적인 성향인 내게, 꽤 정적인 운동인 필라테스는 굉장히 매력적이었다.

누군가에게는 수영이 신나는 운동일 수 있지만, 내게는 지루한 운동이다. 누군가는 필라테스를 싫어할 수도 있지만, 내게는 즐거운 운동이다. 내가 꾸준히 운동을 하기 위해서는, 수영이나 등산이 아니라 필라테스를 선택해야 한다.

꾸준함은 근성으로 되는 것이 아니다. 좋아하기 때문에 질리지 않는 것이다. 무엇을 하든 좋아하는 것을 붙잡아야 한다. 그것이 우리에게 진짜 필요한 능력이다.

매일 나를 생각하는
고마운 사람

 누군가 매일 나를 10분씩 생각한다면 어떤 기분이 들까? 누군가 매일 나를 20분씩 생각한다면 어떤 감정이 들까? 누군가 매일 나를 한 시간씩 떠올린다면 어떤 생각이 들까? 날이 흐리면 걱정이 돼서, 날이 맑으면 반가운 마음에 내 생각을 한다면 어떤 기분일까?

 세상에는 그런 사람이 있다. 바로 부모님이다. 어머니와 아버지는 매일 나를 생각한다. 나를 걱정하고, 나를 응원하며, 내가 행복하기를 바란다. 어떤 일이 있어도 변함없이 나를 사랑한다.

그런데 나는 어떨까? 매일 부모님을 그렇게 생각하고 걱정할까? 솔직히 말해, 그렇지 않을 것이다. 보통의 자식은 부모가 자신을 생각하는 것만큼 부모를 생각하지 않는다.

부모 자식 간의 사랑은 일방향이라는 말이 있다. 그래서 내리사랑이라고도 한다. 그 큰 사랑을 받고도 이를 너무 당연하게 여기며 살아가는 것이 자식이다. 만약 자식이 부모의 마음을 반의 반이라도 이해할 수 있다면 부모님께 소홀하지 않을 것이다. 받은 사랑의 반의 반이라도 응답할 수 있다면, 그 마음을 반의 반이라도 헤아릴 수 있다면.

미루지 말고, 이 책을 읽고 있는 지금 바로 부모님에게 전화를 드려 사랑한다고 말해보면 어떨까? 그게 쑥스럽다면 고맙다고, 혹은 잘 지내시냐고 물어보면 어떨까? 사실 어떤 말도 상관이 없을 것이다. 부모는 자식의 목소리만 들어도 그 자체로 충분히 행복해지는 존재이기 때문이다.

카페에서 들려온
부자의 욕설

한 카페에서 옆 테이블 가족의 대화를 우연히 듣게 되었다. 열 명 정도가 앉아 있었고, 아버지와 아들이 언쟁을 시작했다. 아들은 게임을 하고 싶은데 자신을 데려왔다며 불만을 토로했고, 아버지는 가족이 함께하는 시간이 중요하다고 말했다.

그런데 이들은 이내 욕설을 섞어가며 대화를 이어갔다. 아버지는 거친 말을 쓰기 시작했고, 아들도 같은 방식으로 대응했다. 자리에 함께 있던 다른 가족들도 당황했고, 나도 결국 심한 언쟁을 피해 자리를 옮길 수밖에 없었다.

그 부자는 더 좋은 언어를 사용할 수도 있었을 것이다. 하지만 아버지도 아들도 최악의 언어를 선택했다.

말은 비슷한 종류의 말을 끌어내는 힘이 있다. 나쁜 말은 나쁜 말을 부르고, 좋은 말은 좋은 말을 이끌어낸다. 그 가족에게 어떤 사정이 있었는지는 알 수 없지만, 많은 사람이 있는 공간에서 거친 언어가 오가는 상황은 어떠한 이유로도 좋게 들리지 않았다. 다정한 말투는 다정한 관계를 만들고 거친 말투는 거친 관계를 만든다.

독일 철학자 하이데거는 이렇게 말했다.
"언어는 존재의 집이다."

사람은 자신의 언어 수준 이상으로 생각할 수 없다.

욕을 하는 사람은 그 수준에서 사고하고, 험담을 즐기는 사람은 그 수준에 머문다. 기품 있는 단어와 문장으로 말하는 사람은 그 수준으로 사고하고 있다. 인간은 말을 통해서 자신의 수준을 드러낸다. 사실은 말이 아니라 서로의 수준이 부딪히고 있는 것이다.

사용하는 언어가 곧 그 사람을 정의하고, 서로의 관계를 정의한다. 좋은 사람이 되기 위해서는, 그리고 좋은 관계를 만들기 위해서는 좋은 말을 사용해야 한다. 다정한 말이 다정한 관계를 만든다.

마음속 아이에게
말을 걸어야 할 때

누구나 마음속에 조용히 울고 있는 아이 하나를 품고 산다. 괜찮은 척, 씩씩한 척하며 살아가지만 가끔은 그 아이의 목소리를 들어야 한다. 그렇게 해야만 어른이 된 나도 오래 버틸 수 있다.

어릴 때의 나는 때때로 외로웠고, 때때로 서러웠다. 누군가에게 받은 상처도 고스란히 남아 있다. 그 감정은 사라지지 않고 어른이 된 후에도 가슴 한구석에 덕지덕지 붙어 있다. 그 아이는 말없이 나를 바라보며, 언젠가 내게 위로받기를 기다리고 있었다.

그래서 가끔은 마음속의 아이에게 말을 걸어야 한다. "괜찮아. 네가 느낀 감정은 틀린 게 아니야." 다정하게 안아주어야 내 삶을 더 따뜻하게 품을 수 있다.

우리는 강해야 한다고 배웠고, 버텨야 한다고 믿었다. 그러나 진짜 강함은 자신의 연약함을 받아들이는 것에서 온다. 정말 강한 사람은 상처받지 않는 사람이 아니라 자신의 상처를 스스로 보듬어줄 수 있는 사람이다. 울고 싶은 순간이 오면 마음속의 아이를 안아줄 수 있어야 한다.

삶이 무겁게 느껴질 때, 내면의 아이는 조용히 나를 부른다. 그 목소리를 무시하지 말자. 그 아이가 느끼는 감정을 이해하고, 그 아이를 다독여 주는 것이 곧 나를 돌보는 일이니까.

피곤하면 충분히 쉬게 해주고, 배고플 때는 제대로 먹이고, 삐지면 괜찮다고 다독여 주고, 졸릴 때는 푹 재워주며, 체력이 부족하면 운동도 시켜야 한다. 이렇게 내가 나를 잘 돌봐주어야 한다. 나를 보살피는 일은 온전히 나의 몫이다. 내가 나를 잘 보살피는 일만큼 중요한 일은 없다.

좋은 것을
미루지 말아야 할 이유

 평소 알고 지내던 지인이 있었다. 가끔 식사도 하고 안부를 주고받는 사이였다. 이번 달에도 만나기로 했는데, 얼마 전 갑작스럽게 세상을 떠났다. 40대 중반, 아직 젊은 나이였다. 특별한 병도 없고 운동을 즐기던 분이라 사고인가 싶었지만, 장례식장에서 들은 소식은 심장마비였다. 새벽에 혼자 달리다가 심장에 무리가 왔고, 주변에 아무도 없어 응급처치를 받지 못했다고 한다.
 우리는 평소에 죽음을 인식하지 않고 살아간다. 사

실, 죽음을 의식하며 사는 것이 바람직한 삶은 아닐지도 모른다. 매일 언제 죽을지 걱정한다면 삶을 온전히 살아가기 어렵기 때문이다. 하지만 가끔 죽음을 떠올리면, 삶에 대한 깨달음을 얻게 되기도 한다.

장례식장을 나와 집에 돌아오면서 두 가지 생각이 들었다.

첫 번째로, 좋은 것은 미루지 말아야겠다고 다짐했다. 그분은 늘 "아들 보러 가야지"라고 말씀하셨다. 그분의 아들은 미국 명문 대학을 다니고 있다. 대학도 못 나온 자신에게 자식은 평생의 자랑거리였다. 하지만 바쁜 생활 속에서 그분은 미국에 한 번도 가지 못했고, 결국 더는 갈 수 없는 상황이 되고 말았다. 나도 살아가며 해보고 싶은 것들이 있다. 그리고 그중에는 마음만 먹으면 당장 할 수 있는 것들도 있다. 이제는 그런 것들을 미루지 않기로 했다.

두 번째로, 사랑의 표현을 미루지 말아야겠다고 생각

했다. 고맙다고, 미안하다고, 사랑한다고 말하는 일은 사소해서, 민망해서, 귀찮아서 자주 미뤄진다. 하지만 우리는 다음을 보장받지 못한다. 언젠가가 아니라, 지금 표현해야 한다. 누군가를 만날 때 늘 최선을 다해야겠다고 마음먹었다. 우리가 나누는 인사나 대화가 마지막이 될 수도 있기 때문이다. 집에 와서 나는 아내와 아이들을 한참동안 꼭 안아주었다.

살아간다는 것은 그 자체로 감사한 일이다. 하고 싶은 일은 미루지 않고, 사랑을 아끼지 않으며 살아야 한다. 지금 이 순간이 다시 오지 않을 수도 있으니까.

침묵하는 사람이
상황을 지배한다

내가 존경했던 분들은 말수가 많지 않았다. 그들은 불필요한 말을 줄이고, 상대의 이야기를 깊이 들으며 조용히 분위기를 이끌었다. 그리고 꼭 필요한 순간, 단 한마디로 흐름을 바꾸는 힘이 있었다. 그들의 한마디 한마디는 깊은 의미를 담고 있었다.

존경했던 상무님이 그랬다. 그분은 많은 말을 하지 않았고, 꼭 필요한 말만을 건넸다. 한번 말한 것은 반드시 지켰고, 그 신뢰는 그의 말에 자연스럽게 무게를 실었다. 바쁜 토론의 장에서도 그가 입을 여는 순간 모든 이목이 집중되었다.

우리는 종종 많이 말해야 존재감이 생긴다고 생각하지만, 실제로는 말이 많아질수록 약점이 드러나고 불필요한 오해가 쌓이기 쉽다. 말을 아끼고 신중하게 들을수록 신뢰는 깊어진다. 진정으로 영향력 있는 사람은 큰 목소리를 내는 사람이 아니라 말의 힘을 아는 사람이다.

침묵하는 사람이 상황을 지배한다. 불필요한 말 없이도 그의 존재만으로 무게감이 느껴진다. 말을 줄일수록 단 한마디의 힘은 더욱 강렬해진다.

말보다 침묵이 더 많은 것을 이야기할 때가 있다. 대화를 이끄는 것은 말의 양이 아니라, 가장 필요한 순간에 건네는 한마디의 깊이다.

이해하지 않을 용기,
돌려받지 않을 용기

늘 생각하는 3가지 용기가 있다. 다음의 용기들은 내가 단단하고 견고한 삶을 사는 데 큰 도움이 되었다.

1. —— 미움받을 용기

책의 제목으로도 유명하다. 직장 생활을 하면서 큰 도움을 얻은 용기이다. 모든 사람에게 사랑받고 싶다는 마음이 많은 것을 망칠 수 있다. 나도 누군가를 미워하는 순간이 있듯, 남도 나를 미워할 수 있다. 인간관계는 결국 흘러가는 대로 가게 되어 있다. 누군가 나를 미워할 수 있다는 사실을 받아들이는 것만으로도 마음이 한층 편안해진다.

2. ── 이해하지 않을 용기

우리는 때때로 누군가의 이해할 수 없는 말과 행동을 본다. 짜증이 나기도 하고, 분노가 치밀기도 한다. 때로는 '저 사람은 왜 저럴까?' 싶어 고쳐주고 싶은 마음이 들기도 한다. 하지만 남은 내가 아니다. 우리는 타인을 완전히 이해할 수 없다. 이해하려 애쓰는 대신, 고쳐주려 하는 대신, '그럴 수도 있지'라는 마음으로 불필요한 감정을 흘려보낼 때 평화가 찾아온다.

3. ── 돌려받지 않을 용기

누군가를 도왔을 때, 보답이 없으면 서운한 마음이 들기도 한다. 하지만 만약 서운하다면, 애초에 내가 그를 도왔던 게 순수한 마음이 아니라 보답을 기대한 행동이었다는 뜻이다. 타인에게 선행을 베풀고도 대가를 바라지 않을 수 있어야 한다. 그러면 서운한 마음도 생기지 않는다. 선행의 기쁨을 온전히 느끼는 것만으로도 이미 충분하다.

누가 월 천 번다고?

유튜브나 인스타그램을 보면 한 달에 천만 원을 번다는 글이 넘쳐난다. 수익 인증을 하며 성공을 자랑하는 사람들도 많다. 그런 글을 볼 때마다 나도 모르게 자괴감이 들고, 불안해지고, 때로는 불행하다고 느껴지기도 한다.

사실 내 주변에도 온라인으로 '월 천'을 버는 사람들이 있다. 나도 온라인에서 월 천을 벌었던 적이 있다. 하지만 중요한 건 '그 수익이 지속 가능한가?'이다.

만약 직장을 다니면서 월 삼백을 번다면, 그건 꾸준히 벌 수 있는 삼백이다. 반면, 온라인에서 월 천을 번다는 대부분은 한두 번 그렇게 벌어본 경우다. 나 역시 월 천을 벌 때도 있고, 아주 적게 벌 때도 있다.

누군가의 최대치와 나의 평균치를 비교하지 말아야 한다. 누군가 한 번 크게 성공했다고 해서 그 일이 계속 잘된다는 법은 없다. 그걸 보며 느끼는 질투심과 자책만 내 마음속에 오랫동안 남아 있을 뿐이다. 온라인에서 보이는 수익 인증이 진짜인지도 알 수 없다. 그런 불확실한 정보에 내 마음이 흔들릴 필요가 전혀 없다.

무엇보다 남의 일은 남의 일일 뿐이다. 그 사람이 어떻게 돈을 벌었는지, 얼마나 성공했는지는 내 삶과 관련이 없다. 남이 버는 월 천보다 내가 버는 몇만 원이 훨씬 더 소중하다.

누군가의 화려한 껍데기 성공담에 흔들리지 말고, 내가 걸어가는 길을 탄탄하게 만들자. 오늘도 내 걸음을 믿고, 내 방식대로 나아가자. 그것이 가장 좋은 길이다. 그리고 유일한 길이다.

진짜 강한 사람은
이런 사람이더라

나는 부산에서 태어난 경상도 남자다. 경상도 가정은 대체로 무뚝뚝하다. 우리 집도 다를 것이 없었다. 어릴 때부터 감정을 솔직하게 표현하는 것이 익숙하지 않은 환경에서 자랐다.

나는 한국 남자다. 어릴 때부터 "남자는 남자다워야 한다"는 말을 들었다. 쉽게 감정을 표현하면 안 되고, 늘 묵묵하고 강해야 한다고 배웠다.

그래서 나는 상처를 받지 않는 것이 진짜 강한 것이

라 믿었다. 나는 웬만한 일에는 흔들리지 않는다고, 상처받지 않는다고 스스로에게 주문을 걸며 살아왔다. 진짜 남자는 울지 않는다고, 마음속으로 울지언정 밖으로는 눈물을 보이지 않는다고 여겼다.

하지만 어른이 되고 나니, 그게 생각만큼 쉽지 않았다. 상처를 받아도 괜찮은 척해야 했고, 울고 싶어도 아무렇지 않은 척해야 했다. 세상 어디에도 내 힘듦과 어려움을 털어놓을 곳이 없었다. 그렇게 마음속 깊은 곳에서 감정이 쌓이고 쌓여 곪아가고 있었다. 이게 정답이 아니라는 걸 알게 된 것이다. 그렇게 나는 조금씩 무너지고 있었다.

그러다 정말로 정신이 건강한 사람들을 만나게 되었다. 그런 사람들과 대화를 나누면서 나는 진짜 강한 사람이 무엇인지 깨닫게 되었다. 그리고 나는 지금 이런 마음가짐으로 살아가고 있다.

진짜 강한 사람은 상처를 받지 않는 사람이 아니라, 상처를 받아도 회복하는 방법을 아는 사람이다. 울지 않는 사람이 아니라, 울면서도 어떻게든 해내는 사람이다. 감정이 없는 사람이 아니라, 감정을 있는 그대로 표현하면서 나 자신을 지킬 수 있는 사람이다.

진짜 강한 사람은 이런 사람이더라.

신은 이룰 수 없는 꿈을
심지 않는다

이런 글귀를 우연히 읽은 적이 있다.

"신은 당신이 이룰 수 없는 꿈을 마음속에 심지 않습니다."

이 문장을 읽는 순간, 마치 신이 직접 건네는 말처럼 느껴졌다. 내가 꾸는 꿈이 허황된 게 아닐 수 있다는 말에 깊은 위로를 받았다.

우리는 자주 스스로의 가능성을 의심한다. 너무 늦은

건 아닐까, 나는 안 되는 게 아닐까 하는 마음이 종종 고개를 든다. 하지만 그럼에도 꿈이 자꾸 떠오르는 이유는 이미 내 안에 이미 꿈을 이룰 가능성의 씨앗이 있기 때문은 아닐까.

꿈이 있다는 것 자체가 가능성이다. 아무 이유 없이 간절해지는 마음은 없다. 누군가는 무심히 넘길 꿈을 내가 오래 품는다는 건, 그만큼 내 삶에 꼭 필요하기 때문이다.

시간이 걸려도 괜찮다. 조금 돌아가도 상관없다. 중요한 건 꿈이 아직도 내 안에 살아 있다는 사실이다. 포기하지 않는다는 건, 이미 반은 도착했다는 뜻이기도 하다. 꿈이 있다는 것 자체가 가능성을 품고 살아간다는 의미다.

어쩌면 신이 꿈을 내 마음에 심은 이유는, 그걸 이룰 수 있는 힘이 내게도 있다는 걸 알고 있기 때문이 아닐까? 사실 가능성을 가장 무시했던 사람은 나 자신이 아니었을까?

나를 챙겨주는 사람을
귀하게 여겨야 한다

　우리는 종종 멀리 있는 사람은 그리워하면서 정작 가까이 있는 사람은 소홀히 대하곤 한다. 곁에 있다는 이유로 고마움을 잊고, 익숙하다는 이유로 표현을 생략하기도 한다. 하지만 진짜 소중한 사람은 언제나 내 주변에 있다.

　세상엔 잠깐의 관심은 많다. 하지만 오래가는 마음은 드물다. 멀리 사는 형제자매는 동네 친구만 못할 수 있다. 오래 알고 지냈던 사람보다 매일 마주치는 사람이 더 힘이 될 수 있다. 내 주변에 있는 진심이 가장 소중한 진심이다.

늘 먼저 연락을 주는 친구가 있다면 한 번쯤은 내가 먼저 연락해 보자. 내 생각, 내 걱정을 해주는 사람만큼 소중한 사람이 없다. 다가오는 마음을 당연하게 생각하지 말고, 내가 먼저 안부를 물을 수 있어야 한다. 그렇게 작은 마음을 주고받아야 좋은 관계가 오래간다.

내가 새 글을 올릴 때마다 늘 '좋아요'를 눌러주는 사람도 있다. 그 작은 클릭 하나에도 마음이 담겨 있다. 조용히 응원해 주고, 말없이 지켜봐 주는 관심은 생각보다 따뜻하다. 별것 아닌 행동처럼 보여도 그 안엔 애정이 숨어 있다. 따뜻한 마음을 소중하게 여길 줄 아는 사람이 관계를 놓치지 않는다.

항상 나를 응원해 주는 사람도 있을 것이다. 결과가 좋든 아니든 내 편이 되어 주는 사람이 있을 것이다. 내가 무너졌을 때 내 옆을 지켜준 사람도 있을 것이다. 그런 사람은 흔하지 않기에, 그 조용한 마음의 힘을 기억해야 한다.

    진짜 소중한 사람은 멀리 있지 않다. 곁에 있어서 잊기 쉬운 사람, 늘 당연하게 여겼던 사람이 사실은 가장 귀한 사람일 수 있다. 혹시 지금 그런 사람이 떠올랐다면 아직 늦지 않았다. 마음에 마음으로 답할 수 있다면 우리는 여전히 서로에게 닿을 수 있다.

가장 밝은 별은
가장 어두울 때 보인다

    20년쯤 전에 몽골 초원에 간 적이 있다. 밤이 되어 야영을 하는데, 나는 밤하늘에 그렇게 많은 별이 있다는 사실을 처음 알았다. 수백 개, 아니 수천 개라고 해도 부족할 정도로 수많은 별들이 하늘을 가득 채우고 있었다.

    몽골의 초원에는 전기가 없다. 인공적인 불빛도 없고, 오직 자연만 있다. 심지어 소리조차 없다. 오직 깊은 어둠만이 펼쳐진다. 그곳에서 나는 살면서 가장 밝은 별을 볼 수 있었다.

힘들 때 그 밤하늘을 떠올린다. 가장 밝은 별은 가장 어두울 때 보인다. 어둠이 깊어질수록 더 밝은 별을 볼 수 있다.

힘들다, 우울하다, 슬프다. 이런 감정들은 사실 우리에게 꼭 필요한 감정들이다. 어둠이 있기에 기쁨이 있고, 슬픔이 있기에 즐거움도 있다.

힘들 때 그 감정을 그대로 느끼려고 한다. 억지로 외면하거나 없애려 하지 않는다. 내 안의 어둠을 사랑하면, 내 안의 빛도 볼 수 있기 때문이다. 어둠이 짙을수록 빛은 더욱 선명해진다.

확신이 우리를 가로막는다

세 가지 헛된 확신이 우리를 가로막는다.

내가 잘 해야만 한다는 확신.

타인이 나를 대우해야만 한다는 확신.

세상이 힘들지 않아야만 한다는 확신.

*엘버트 엘리스, 미국 심리학자

배우 박신양은 러시아 유학 시절, 너무 힘들어 선생님에게 "선생님, 저는 왜 이렇게 힘든가요?"라고 물었다고 한다. 그러자 선생님은 "당신의 인생이 왜 힘들지 않아야 한다고 생각하십니까?"라고 답했다. 그는 이 이야기를 듣고 깊은 충격을 받는다.

    내가 늘 잘하면 좋겠지만, 타인이 나를 대우하면 좋겠지만, 세상이 나를 힘들지 않게 하면 좋겠지만, 대부분은 그렇지 않다. 아니, 정말 많은 경우 그렇지 않다.
    그렇지 않을 수도 있다는 마음을 가지고 살면 실망도 덜하고, 인생을 좀 더 단단하게 살 수 있다.

    나 역시 이런 확신들을 품고 살았던 적이 있다. 내가 항상 완벽히 해낼 것이라는 생각. 타인이 나를 당연히 존중해 줄 것이라는 기대. 삶이 내가 원하는 만큼 부드럽게 흘러갈 것이라는 믿음.
    하지만 현실은 다르다. 실패할 수도 있고, 타인의 반응이 기대와 다를 수도 있고, 삶이 내 뜻대로만 움직이지 않을 수도 있다.

그렇다면, 이 확신들을 내려놓으면 어떨까?

전부 내려놓을 필요도 없이, 너무 단단히 움켜쥐고 있던 기대들을 조금만 내려놓아 보자. 삶이 훨씬 편해지고, 작은 것에도 기뻐하고 감사할 수 있게 된다.

모든 것은 마음먹기에 달렸다. 그렇지 않은 것들에 불안해하거나 실망하지 않고, 단단한 마음을 가져야 한다. 내 확신과 기대를 조금은 내려놓을 필요가 있다.

헤맨 만큼
내 땅이 된다

"헤맨 만큼 내 땅이다."

내가 참 좋아하는 말이다. 그렇다. 길을 잃고 헤매는 시간이 결코 헛된 것이 아니다. 그 시간이 쌓여 나의 경험과 자산이 된다.

미국에서 직장 생활을 할 때, 죽고 싶다는 생각을 할 만큼 힘들었다. 아침부터 밤까지 쏟아지는 업무에 치이고, 익숙하지 않은 문화 속에서 실수도 많았다. 영어는 부족했고, 스스로가 초라하게 느껴지기도 했다. 하지만 그렇게 몇 달을 버티고 나니, 어느 순간 영어가 훨씬 편해져 있었다.

국내에서의 직장 생활도 마찬가지였다. 30대 후반이 되어 방황에 방황을 거듭했다. 무엇이 맞는 길인지 몰라 헤매고, 하고 싶은 일과 해야 하는 일 사이에서 갈팡질팡했다. 그때는 모든 게 무의미하게 느껴졌다. 하지만 지금 돌아보면 그 방황과 고통이 결국 나를 작가로 만들었다.

회계사 친구는 내게 이런 말을 해주었다.

"문득 이런 생각이 들었어. 경험에는 감가상각이 없더라. 물건은 시간이 지나면서 그 가치가 점차 떨어지지만, 경험은 오히려 값어치가 더 올라가. 경험이 많은 사람은 마치 좋은 자산을 가지고 사는 것과 같아."

돌아보니 정말 그랬다. 젊은 날, 쓸데없어 보였던 경험들이 지나고 나니 그 의미가 분명해졌다. 아무것도 버릴 것이 없었다. 내가 경험한 만큼 세상이 보였고, 내 경험의 크기만큼 세상을 살아가게 되었다.

미국에서 버티지 않았다면 지금처럼 영어를 편하게 쓸 수 없었을 것이다. 삶의 방향을 잃지 않았다면 작가가 될 생각을 하지 않았을 것이다. 그때는 몰랐지만 모든 시간이 결국 내 것이 되고 있었다.

혹시 당신이 방황하고 있다면 이렇게 묻고 싶다. 지금 헤매고 있는 이 땅이, 어쩌면 당신의 땅이 될 수도 있지 않을까? 지금 헤매고 있는 이 시간이, 사실은 모두 당신을 위한 시간이 아닐까?

인생이 바닥을 치는 경험을 하면

누구나 한 번쯤은 인생이 바닥을 치는 경험을 하게 된다. 그러고 나면 조금씩 바닥을 다지고 다시 올라가게 된다. 그 이유 중 하나는 나에게 안 좋은 영향을 주었던 사람들이 떠나가기 때문이다.

아는 한 사업가가 금융위기로 인해 회사 도산 위기에 직면한 적이 있었다. 그때 그를 외면한 사람도 있었고, 오히려 힘이 되어준 사람도 있었다. 믿었던 사람이 배신

하기도 했고, 의외의 인물이 도움을 주기도 했다.

그 과정에서 그는 큰 교훈을 얻었다. 어떤 사람이 자신의 편이며, 어떤 사람이 적인지 명확하게 알게 된 것이다. 그 후 그의 인간관계는 완전히 달라졌다고 한다.

인생이 바닥을 치는 순간은 분명 힘든 시간이다. 그러나 힘든 시간에도 나쁜 일만 있는 것은 아니다. 모든 나쁜 일에는 좋은 면이 있기 마련이다.

인생을 살아가며 내 곁을 떠나는 사람들이 있다는 것은 오히려 더 나은 방향으로 가는 과정일지도 모른다. 이제는 그 인연이 유통기한을 다했을 뿐이다. 그러니 떠나는 사람을 붙잡느라 애쓸 필요가 없다. 옆에 남아 있는 사람들을 소중히 여기며 더 단단한 관계를 만들어가면 된다.

무너짐은 새로운 길을 찾을 기회가 되고, 떠남은 더 나은 관계를 남기는 계기가 된다. 누군가가 떠나는 것은 끝이 아니라, 더 나은 시작을 위한 아름다운 과정이다.

멍 때리기를 통한 뇌의 최적화

한국 사람들은 늘 무언가를 해야 한다는 강박이 있다. 그래서 쉬는 것이나 멍하니 있는 것에 대해서 매우 인색하다. 게다가 쉴 때도 스마트폰을 놓지 않으므로 요즘 우리에게는 '멍 때리는' 시간이 없다고 봐도 무방할 듯하다. 하지만 멍 때리기는 사실 생각보다 큰 효용이 있다.

역사 속 위대한 인물들도 멍 때리기를 즐겼다고 한

다. 레오나르도 다 빈치는 멍하니 앉아 자연을 관찰하면서 영감을 얻었고, 프리드리히 니체는 산책을 하며 멍 때리는 시간을 가졌다. 아인슈타인도 같은 방식으로 많은 아이디어를 떠올렸다. 이런 습관은 많은 과학자와 예술가들에게 공통적으로 나타난다.

멍 때리기의 본질은 느슨함에 있다. 단순히 멍 때리는 것이 아니라, 그 시간을 통해 뇌가 유연해지고 다시 집중할 때 몰입이 극대화되는 것이다. 일상에서 명상이나 산책을 하면서 멍 때리는 시간은 뇌를 느슨하게 했다가 다시 집중하게 만들어준다.

나도 글쓰기나 독서에 몰입한 후에는 자연을 바라보거나 샤워를 하는 시간을 가진다. 그렇게 하다 보면 불현듯 영감이 스쳐갈 때가 많다. 느슨해진 뇌는 또 다시 몰입을 준비할 수 있다.

그러니 시간이 생기면 스마트폰을 들여다보는 대신, 자신만의 멍 때리는 시간을 가져보면 어떨까? 산책을 하거나, 명상을 하거나, 목욕을 하면서 뇌를 느슨하게 해주자. 비우면 채울 수 있다. 뇌를 느슨하게 하면 뇌를 최적화할 수 있다.

사람을 바꾸는
유일한 방법

사람은 쉽게 변하지 않는다. 대부분의 경우 그렇다. 사람은 자기가 살아온 방식대로 계속 살아가고, 익숙한 패턴을 잘 벗어나지 못한다.

하지만 가끔, 정말 드물게, 변하는 사람도 있다. 그런 사람은 단번에 바뀐 게 아니라, 오랫동안 적립해 온 사람이다. 한두 번의 다짐이나 극적인 각성이 사람을 바꾸는 게 아니라, 작지만 반복된 적립이 누적된 것이다.

한 번의 독서, 한 번의 글쓰기, 한 번의 운동, 한 번의 훈련이 수백 번 쌓이면 달라진다. 눈에 띄지 않는 하루의 루틴이 수백 번 반복되면서 쓰는 언어가 달라지고, 표정이 바뀌고, 사고방식이 변한다.

반대로 한 번의 미루기, 한 번의 나태, 한 번의 불성실, 한 번의 핑계도 수백 번 쌓이면 사람이 바뀐다. 오늘 한 번 대충한 방식이 내일의 기준이 되고, 그 기준이 쌓여서 결국 삶의 밀도를 바꿔버린다.

문제는 이 모든 것이 복리처럼 쌓인다는 점이다. 어제의 독서는 오늘의 독서에 더해지고, 오늘의 선택은 내일의 습관으로 넘어간다. 한 번의 긍정이 반복되면 삶 전체에 긍정의 속도가 붙고, 한 번의 무너짐도 반복되면 자기 자신에 대한 신뢰가 조금씩 꺾이게 된다.

따라서 진짜 변화를 원한다면, 제대로 된 한 번을 적립하는 사람이 되어야 한다. 사람은 쉽게 바뀌지 않지만, 수백 번의 반복은 사람을 바꿀 수 있다.

아직 익지 않았을 뿐
실패는 아니다

    포도가 포도주가 되려면 시간과 온도가 필요하다. 익은 열매라 해도 바로 술이 되는 것은 아니고, 그 안의 당과 향이 서서히 변해가는 시간을 기다려야 한다. 사람의 성장도 숙성과 닮아 있다.

    누구도 포도 자체를 비난하지 않는다. 덜 익었다고 실패라 하지 않고, 아직 이르다고 탓하지 않는다. 단지 시간이 더 필요하다는 걸 안다. 사람에게도 그런 시선이 필요하다.

조급한 마음은 때로 나 자신을 의심하게 만든다. 왜 나는 아직 이 정도밖에 안 될까, 왜 다른 사람보다 느릴까 하는 생각에 괜히 초조해진다.

하지만 숙성 중인 시간을 부끄러워할 필요는 없다. 그 시간은 멈춰 있는 게 아니라 준비되고 있는 시간이다. 눈에 보이지 않아도 쌓이는 것들이 있고, 언젠가 향으로, 깊이로 드러나게 되어 있다.

마찬가지로 사람도 숙성의 시간이 필요하다. 지금 내가 익고 있는 중이라는 사실을 인정하는 것, 그 시간에 너무 조급해하지 않는 것, 시간이 걸린다는 걸 인정하는 것 자체가 성숙의 과정이다.

좋은 포도주일수록 시간이 더 걸린다. 더 좋은 환경에서 충분히 잘 숙성되어야 한다. 사람도 마찬가지다. 내게는 시간이 조금 더 필요할 뿐이다.

나이가 들수록
시간이 빨리 가는 이유

 사람은 보통 나이가 들수록 시간이 빠르게 흘러간다고 느낀다. 그 이유는 단순하다. 매일이 비슷한 하루의 반복이기 때문이다. 새로운 자극을 받지 못하면 뇌는 시간의 흐름을 무디게 느낀다. 반면 새로운 경험을 자주 하는 사람은 시간의 밀도를 다르게 산다. 그들에게 시간은 더 촘촘하고, 더 길게 느껴진다.

 예를 들어, 오랫동안 한 직장에 몸담고 있던 사람들

은 은퇴 후 하루가 단조롭게 흘러간다고 말한다. "오늘이 무슨 요일인지도 모르겠다"는 그들의 말은, 새로움이 사라진 삶에서 시간이 희미해진다는 증거다. 직장 생활을 하던 시절, 내게도 반복되는 매일이 비슷했다. 그 순간에는 시간이 흐르는지조차 느껴지지 않았다. 하지만 막상 지나고 나면 시간이 아주 빠르게 흘러갔다는 생각이 들었다.

그러다 라디오에서 들은 한 진행자의 말이 유난히 마음에 와닿았다.

"알고 계셨나요? 지구가 생긴 이후, 같은 날씨가 반복된 적은 단 하루도 없었습니다."

그 말을 듣고 문득 깨달았다. 우리는 매일 똑같은 하루를 사는 것처럼 느끼지만, 사실 모든 순간은 조금씩 달라지고 있다. 날씨도, 사람도, 세상도 끊임없이 변화한다. 우리의 삶도 마찬가지 아닐까? 어제와 같은 하루라고 생각하면 모든 것이 익숙해지고 당연하게 느껴질 것이다. 하지만 매일이 조금씩 다르다고 받아들이면 우리가 할 수 있는 선택들도 더 많아진다. 변화가 있다는 것은 곧 새로운 가능성이 있다는 뜻이니까.

지금 나는 새로운 일에 도전하고, 다양한 경험을 하며 시간의 밀도를 높이고 있다. 시간을 천천히 살아가는 비밀은, 끊임없이 새로움을 마주하는 것이다. 그리고 그 새로움은 거창한 것이 아닐 수도 있다. 어제와는 조금 다른 시선으로 세상을 바라보는 것, 그 작은 변화만으로도 우리의 시간은 충분히 달라질 수 있다.

인생을 밀도 있게 살고 싶다면 매년, 아니 매일 새로운 시도를 해보자. 익숙함 속에 숨어 있는 변화를 발견하는 순간, 우리는 전혀 다른 차원의 시간을 살아가게 된다.

행복은 우리 생각보다
훨씬 더

집 근처 작은 꽃집이 있다. 아내는 그곳에서 꽃을 사고 집에 놓아두는 걸 좋아한다. 꽃은 만 원 정도로 크게 비싸지 않다. 아내는 화병에 꽃을 꽂고 바라보며 "예쁘다"며 즐거워한다. 그리고 이렇게 말한다. "행복해."

그리고 그 행복은 꽃이 우리 집에 머무는 시간동안 이어진다.

나는 밤에 강아지와 산책하는 순간이 좋다. 하루의

피로가 걷히고, 차가운 공기가 머리를 맑게 해준다. 강아지는 신나게 걷고, 나도 발걸음을 맞춘다. 그때 나는 생각한다. '행복해.'

그리고 나는 매일 그렇게 행복할 수 있다.

아이들은 작은 장난감 하나에도 행복해한다. 둘이서 장난감을 붙들고 깔깔 웃는다. 서로 무언가를 나누고, 함께 놀면서 세상에서 가장 행복한 미소를 짓는다.

아이들은 언제나 그렇게 자주 둘이서 행복하다.

첫 집을 샀을 때가 기억난다. 첫 차를 샀을 때도 기억난다. 행복했다. 하지만 그 행복은 오래 이어지지 않고, 자주 반복할 수도 없었다.

행복이란 게 꼭 특별한 것이어야 할까? 무언가 대단한 순간이 아니면 안 되는 걸까? 사실 행복은 아주 작은 순간들 속에 더 많이 있는지도 모른다.

아내가 꽃을 바라보며 행복해하고, 내가 강아지와 걸으며 행복해하고, 아이들이 작은 장난감 하나에도 행복해하는 것처럼.

행복은 우리 생각보다 훨씬 더 가까운 곳에 있다.

외롭다면 잘 살고 있는 것이다

초판 1쇄 발행 2025년 11월 19일
초판 6쇄 발행 2026년 2월 3일

지은이 부아c
펴낸이 김선준, 김동환

편집이사 서선행
책임편집 오시정 **편집2팀** 최한솔, 서윤아, 한용선
디자인 정란
마케팅팀 권두리, 이진규, 신동빈
콘텐츠본부장 조아란
콘텐츠팀 이은정, 장태수, 권희, 박미정, 조문정, 이건희, 박지훈, 송수연, 김수빈, 현유진, 정지호
경영관리 송현주, 윤이경, 임해랑, 정수연

펴낸곳 페이지2북스
출판등록 2019년 4월 25일 제 2019-000129호
주소 서울시 영등포구 여의대로 108 파크원타워1, 28층
전화 070)4203-7755 **팩스** 070)4170-4865
이메일 page2books@naver.com
종이 월드페이퍼 **인쇄** 더블비 **제본** 책공감

ISBN 979-11-6985-168-8 (03810)

- 책값은 뒤표지에 있습니다.
- 파본은 구입하신 서점에서 교환해 드립니다.
- 이 책은 저작권법에 의하여 보호를 받는 저작물이므로 무단 전재와 복제를 금합니다.